Sandra Zeps
Darmgesundheit

AF192074

Darmgesundheit entschlüsselt

Ernährung und Lifestyle für eine bessere Verdauung

Sandra Zeps

Bibliografische Information der Deutschen Nationalbibliothek: Die Deutsche Nationalbibliothek verzeichnet diese Publikation in der Deutschen Nationalbibliografie; detaillierte bibliografische Daten sind im Internet über http://dnb.dnb.de abrufbar.

Verlag: BoD · Books on Demand GmbH, Überseering 33, 22297 Hamburg, bod@bod.de

Druck: Libri Plureos GmbH, Friedensallee 273, 22763 Hamburg
ISBN: 978-3-8423-5232-2

Inhaltsverzeichnis

1. EINLEITUNG

Ein gesunder Darm ist die Grundlage für unser allgemeines Wohlbefinden. Er beeinflusst nicht nur die Verdauung, sondern auch das Immunsystem, die Hautgesundheit, den Energiehaushalt und sogar die mentale Verfassung. Trotzdem wird die Darmgesundheit oft unterschätzt – erst wenn Beschwerden wie Blähungen, Unverträglichkeiten oder chronische Verdauungsprobleme auftreten, suchen viele nach Lösungen. Dieses E-Book hilft Ihnen, Ihren Darm besser zu verstehen und gezielt zu unterstützen.

In den kommenden Kapiteln tauchen wir tief in die Welt der Darmgesundheit ein. Sie erfahren, wie Ihr Verdauungssystem funktioniert, welche Rolle das Mikrobiom spielt und wie Ernährung sowie Lebensstilfaktoren Ihre Verdauung beeinflussen. Zudem erhalten Sie praxisnahe Tipps und Strategien, um Ihre Darmgesundheit nachhaltig zu verbessern – von der richtigen Ernährung über gezielte Nährstoffe bis hin zu Stressmanagement und Bewegung.

Dieses Buch basiert auf dem E-Book zu meinem gleichnamigen Online-Kurs **„Darmgesundheit entschlüsselt"** und fasst die zentralen Inhalte in strukturierter Form zusammen. Es bietet eine verständliche Einführung in die Grundlagen einer gesunden Verdauung und unterstützt Sie dabei, das

Wissen Schritt für Schritt in Ihren Alltag zu integrieren – mit praktischen Impulsen und Reflexionsfragen.

Weitere Informationen zum Kurs finden Sie auf meiner Website:

www.holistichealthcoaching.net

Bitte beachten Sie: Dieses Buch ersetzt keine medizinische Diagnose oder Therapie. Bei gesundheitlichen Beschwerden wenden Sie sich bitte an Ihre Ärztin, Ihren Arzt oder andere medizinische Fachpersonen.

Über mich

Mein Name ist **Sandra Zeps**, und ich bin zertifizierte *Holistic Health Coach, Health & Wellness Coach, Holistic Nutritionist, Holistic Autoimmune Nutrition Specialist, Gut Health Specialist, Ayurveda Coach sowie Yoga Teacher.* In meiner eigenen Coaching-Praxis begleite ich Menschen dabei, ihre Verdauung zu optimieren, ihr Wohlbefinden zu steigern und langfristig ein gesundes, energiegeladenes Leben zu führen.

Meine eigene gesundheitliche Reise war ein langer Lernprozess. Die Diagnose einer Autoimmunerkrankung hat mich dazu gebracht, mich intensiv mit Ernährung, Darmgesundheit und den Zusammenhängen zwischen Körper und Geist zu beschäftigen. Über die Jahre habe ich mein Wissen durch fundierte Ausbildungen vertieft und mein ganzheitliches Coaching darauf ausgerichtet, Menschen nicht nur mit theoretischem Wissen, sondern auch mit praxisnahen, alltagstauglichen Strategien zu unterstützen.

Dieses Buch und der dazugehörige Kurs sind das Ergebnis meines Wissens und meiner Erfahrungen. Mein Ziel ist es, Ihnen wirksame und gleichzeitig umsetzbare Strategien an die Hand zu geben, mit denen Sie Ihre Darmgesundheit nachhaltig verbessern können.

2. EINFÜHRUNG IN DIE DARMGESUNDHEIT UND ERNÄHRUNG

Die Gesundheit des Darms hat einen entscheidenden Einfluss auf unser allgemeines Wohlbefinden. Der Darm ist nicht nur für die Verdauung zuständig, sondern spielt auch eine zentrale Rolle im Immunsystem und bei der Aufnahme lebenswichtiger Nährstoffe.

Ein intakter Darm fördert ein ausgeglichenes Mikrobiom, eine stabile Darmbarriere und unterstützt die natürlichen Entgiftungsprozesse des Körpers. Umgekehrt können ungünstige Ernährungsgewohnheiten, chronischer Stress oder ein gestörtes Mikrobiom zu zahlreichen Beschwerden führen – von Verdauungsproblemen bis hin zu einem geschwächten Immunsystem.

In diesem Kapitel lernen Sie die wichtigsten Faktoren kennen, die für eine gesunde Darmfunktion notwendig sind. Sie erfahren, wie eine ausgewogene Ernährung das Mikrobiom unterstützt, die Darmbarriere stärkt und somit zu besserer Verdauung und mehr Vitalität beitragen kann.

Was ist Darmgesundheit?

Der Begriff *Darmgesundheit* hat in den letzten Jahren zunehmend an Bedeutung gewonnen – sowohl in wissenschaftlichen Publikationen als auch in der Öffentlichkeit. Anfangs wurde er in Fachkreisen kritisch betrachtet, da er mit zu einfachen Lösungen für komplexe Gesundheitsprobleme assoziiert wurde. Heute jedoch wird er mehr und mehr als umfassendes Konzept anerkannt, das weit über die bloße Abwesenheit von Krankheiten hinausgeht.

Der Verdauungstrakt umfasst eine Vielzahl von Organen, darunter Mund, Speiseröhre, Magen, Dünndarm, Bauchspeicheldrüse, Leber, Gallenblase, Dickdarm und Enddarm. Darmgesundheit bezieht sich nicht nur auf die strukturelle Funktion dieser Organe, sondern auf ein Zusammenspiel komplexer biologischer Prozesse.

Ein zentrales Element bildet das Mikrobiom – eine Gemeinschaft aus Billionen von Mikroorganismen, die unseren Darm besiedeln. Diese beeinflussen maßgeblich die Verdauung, das Immunsystem, die Kommunikation zwischen Darm und Gehirn sowie das emotionale Gleichgewicht.

Während die westliche Medizin Gesundheit lange vor allem als Abwesenheit von Krankheit definierte, geht ein ganzheitlicher Ansatz darüber hinaus: Er strebt ein aktives Gleichgewicht an, das die natürlichen Funktionen von Körper und Geist unterstützt.

Darmgesundheit bedeutet, dieses Gleichgewicht bewusst zu fördern – durch Ernährung, Lebensstil und Achtsamkeit.

Darmfreundliche Ernährung

Eine bewusste und ausgewogene Ernährung kann Ihre Verdauung gezielt unterstützen – oder sie erheblich belasten. Wer regelmäßig unter Blähungen, Völlegefühl oder einer trägen Verdauung leidet, sollte einen genauen Blick auf die täglichen Mahlzeiten werfen. Viele Beschwerden lassen sich bereits lindern, wenn die Verdauungsorgane gezielt mit nährstoffreichen Lebensmitteln entlastet werden. Das Ziel ist es, Magen, Leber, Galle, Bauchspeicheldrüse und Darm in ihrer Funktion zu stärken. Dafür braucht es keine radikalen Diäten, sondern Wissen über die Wirkung einzelner Lebensmittel im Verdauungsprozess.

Wichtige Bausteine für eine gesunde Verdauung:

- **Ballaststoffe** (löslich & unlöslich): z. B. in Gemüse, Hülsenfrüchten, Haferflocken, Flohsamenschalen

  → fördern die Darmbewegung, binden Wasser, nähren die Darmbakterien

- **Bitterstoffe:** z. B. in Chicorée, Radicchio, Löwenzahn, Artischocke

→ regen die Verdauungssäfte (Magen, Galle, Bauchspeicheldrüse) an, unterstützen die Leberfunktion

- **Verdauungsenzyme** (natürlich enthalten in bestimmten Lebensmitteln): z. B. Papaya (Papain), Ananas (Bromelain), fermentierte Produkte

  → helfen bei der Aufspaltung von Fetten, Eiweißen und Kohlenhydraten

- **Wasser und Kräutertees** (z. B. Fenchel, Kümmel, Anis):

  → fördern den Transport im Darm und verbessern die Verwertbarkeit der Nährstoffe

- **Regelmäßige Essenspausen und bewusstes Kauen:**

  → entlasten den Verdauungstrakt und verbessern die enzymatische Vorverdauung im Mund

Eine abwechslungsreiche Ernährung, kombiniert mit Achtsamkeit beim Essen, Stressreduktion und Bewegung, schafft optimale Voraussetzungen für eine gesunde Verdauung.

Häufige Anzeichen eines unausgeglichenen Darms

Ein gesunder Darm bildet das Fundament für körperliche und mentale Gesundheit. Wird das Gleichgewicht der Darmflora gestört oder die Verdauungsfunktion beeinträchtigt, kann sich dies auf unterschiedliche Weise äußern – oftmals weit über den Magen-Darm-Trakt hinaus.

Typische Anzeichen einer gestörten Darmgesundheit:

- **Verdauungsbeschwerden:** Blähungen, Durchfall, Verstopfung oder ein Wechsel

- **Nahrungsmittelunverträglichkeiten:** bestimmte Lebensmittel werden plötzlich schlecht vertragen

- **Chronische Müdigkeit und Energiemangel:** durch gestörte Nährstoffaufnahme oder stille z. B. Akne, Ekzeme – oft im Zusammenhang mit inneren Entzündungen

- **Geschwächtes Immunsystem und Autoimmunreaktionen:** eine gestörte Darmbarriere kann das Immunsystem schwächen und die Entstehung von Autoimmunreaktionen begünstigen, da schädliche Substanzen in den Blutkreislauf gelangen

- **Mentale und emotionale Symptome:**
z. B. Ängste, depressive Verstimmungen, Konzentrationsschwierigkeiten

Diese Symptome treten häufig in Kombination auf und können in ihrer Intensität stark variieren. In den nächsten Kapiteln erfahren Sie, wie Sie das Gleichgewicht im Darm aktiv stärken können – durch Ernährung, Lebensstil und ganzheitliche Maßnahmen.

Fragen zur Selbstreflexion

Die folgenden Fragen helfen Ihnen, Ihr eigenes Verdauungssystem bewusster wahrzunehmen und mögliche Zusammenhänge zwischen Ernährung, Lebensstil und Verdauungsgesundheit zu erkennen. Nehmen Sie sich einen Moment Zeit, um darüber nachzudenken und gegebenenfalls Notizen zu machen.

1. Wie definieren Sie für sich persönlich Darmgesundheit, und welche Rolle spielt sie in Ihrem täglichen Leben?
2. Welche neuen Erkenntnisse haben Sie über den Zusammenhang zwischen Darmgesundheit und Ernährung gewonnen?
3. Gibt es bestimmte Gewohnheiten oder Ernährungsweisen, die Sie nach diesem Kapitel überdenken oder anpassen möchten?

3. DIE ANATOMIE UND FUNKTION DES VERDAUUNGSSYSTEMS

Das Verdauungssystem ist ein komplexes Netzwerk aus Organen und Strukturen, das dem Körper ermöglicht, Nahrung aufzunehmen, zu verdauen und in verwertbare Nährstoffe umzuwandeln. Eine gesunde Verdauung ist nicht nur für die Nährstoffaufnahme entscheidend, sondern unterstützt auch das Immunsystem und spielt eine zentrale Rolle bei der Entgiftung.

In diesem Kapitel erhalten Sie einen Überblick über Aufbau und Funktion des Verdauungssystems – als Grundlage für ein besseres Verständnis dafür, wie Ernährung im Körper wirkt und wie sich Störungen in diesem Prozess äußern können.

Aufbau des Verdauungssystems

Das Verdauungssystem kann in zwei Hauptbereiche unterteilt werden:

1. **Der gastrointestinale (GI-)Trakt:** Dieser umfasst alle Hohlorgane, durch die die Nahrung transportiert und verarbeitet wird. Dazu gehören:
    - Mund
    - Speiseröhre

- Magen
- Dünndarm
- Dickdarm (Kolon)
- Rektum und Anus

2. **Die unterstützenden Verdauungsorgane:** Diese Organe sind nicht direkt Teil des Verdauungstrakts, spielen aber eine entscheidende Rolle in der Verdauung und Nährstoffverwertung:

   - Leber
   - Gallenblase
   - Bauchspeicheldrüse

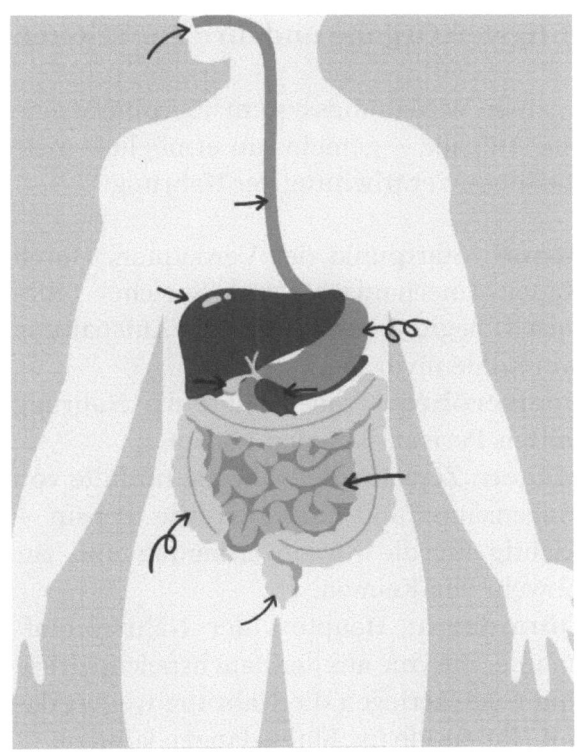

Abb. 1 Wichtige Organe des Verdauungssystems[1]

Nur durch das reibungslose Zusammenspiel all dieser Organe ist eine effektive Umwandlung von Nahrung in Energie und Zellbausteine möglich. Bereits kleine Störungen können weitreichende Auswirkungen auf den gesamten Verdauungsprozess haben.

---

[1] @Canva

Die wichtigsten Organe und ihre Funktionen

Jedes Organ im Verdauungssystem übernimmt eine spezifische Aufgabe – gemeinsam ermöglichen sie eine umfassende Verarbeitung der Nahrung:

- **Mund:** Startpunkt der Verdauung. Durch Kauen (mechanisch) und Speichel (chemisch) beginnt bereits hier die Aufspaltung von Kohlenhydraten.
- **Speiseröhre:** Transportiert die Nahrung mittels Peristaltik in den Magen.
- **Magen:** Zersetzt die Nahrung mithilfe von Magensäure und Enzymen wie Pepsin – wichtig für die Eiweißverdauung und zur Abwehr von Keimen.
- **Dünndarm:** Hauptort der Nährstoffaufnahme. Enzyme aus der Bauchspeicheldrüse und Galle zerlegen die Nahrung weiter, damit Nährstoffe ins Blut gelangen können.
- **Dickdarm:** Entzieht Wasser und Elektrolyte, formt den Stuhl und leitet unverdauliche Reste zur Ausscheidung weiter.
- **Leber:** Produziert Galle zur Fettverdauung, entgiftet Stoffwechselprodukte und speichert Nährstoffe.
- **Gallenblase:** Speichert Galle und gibt sie bei Bedarf in den Dünndarm ab.
- **Bauchspeicheldrüse (Pankreas):** Liefert Verdauungsenzyme und reguliert durch

Insulin und Glukagon den Blutzuckerspiegel.

Der Verdauungsprozess und häufige Verdauungsprobleme

Die Verdauung beginnt bereits im Mund und setzt sich über Magen und Dünndarm fort. Dort werden mithilfe von Enzymen Proteine, Fette und Kohlenhydrate in ihre kleinsten Bestandteile zerlegt. Diese Nährstoffe gelangen dann über die Darmwand in den Blutkreislauf. Der Dickdarm übernimmt abschließend die Rückgewinnung von Wasser und die Bildung des Stuhls.

Verdauung und Stoffwechsel

Die Verdauung bildet die Basis für einen funktionierenden Stoffwechsel. Nur wenn Nährstoffe korrekt aufgenommen werden, kann der Körper sie für Energiegewinnung, Hormonproduktion und Zellreparatur nutzen. Hormone wie Insulin oder Cortisol beeinflussen ihrerseits die Verdauung und zeigen, wie eng beide Systeme miteinander verknüpft sind.

Häufige Verdauungsprobleme: Ursachen und Symptome

Verdauungsbeschwerden entstehen durch vielfältige Auslöser und können sich sehr unterschiedlich äußern:

- **Reizdarmsyndrom (IBS – Irritable Bowel Syndrome)**: Funktionelle Störung mit Bauchschmerzen, Blähungen und unregelmäßigem Stuhlgang – ohne erkennbare organische Ursache.
- **Dünndarmfehlbesiedlung (SIBO - Small Intestinal Bacterial Overgrowth)**: Eine bakterielle Überwucherung im Dünndarm, die zu Blähungen, Durchfall oder Nährstoffmängeln führen kann.
- **Magensäuremangel**: Erschwert die Eiweißverdauung und begünstigt Beschwerden wie Völlegefühl oder Aufstoßen.
- **Gallestörungen**: Störungen in Produktion oder Abgabe der Galle beeinträchtigen die Fettverdauung.
- **Enzymmangel**: Unvollständige Aufspaltung der Nahrung, z. B. durch fehlende Verdauungsenzyme.

Typische Intoleranzen:

- **Laktoseintoleranz**: Mangel an Lactase, dem Enzym zum Abbau von Milchzucker.
- **Fruktoseintoleranz**: Unverträglichkeit von Fruchtzucker, oft begleitet von Blähungen und Durchfall.

Autoimmunerkrankungen, die das Verdauungssystem betreffen

Einige Autoimmunerkrankungen können das Verdauungssystem direkt betreffen und chronische Verdauungsprobleme verursachen:

- **Zöliakie:** Eine Immunreaktion auf Gluten, die zu einer Schädigung der Dünndarmschleimhaut führt.
- **Morbus Crohn** und **Colitis ulcerosa:** Chronisch-entzündliche Darmerkrankungen, die unterschiedliche Abschnitte des Verdauungstrakts betreffen und mit Durchfällen, Schmerzen und Entzündungen einhergehen.

Langfristige Folgen von Verdauungsproblemen

Anhaltende Störungen in der Verdauung können zu Mangelerscheinungen, Entzündungen und hormonellen Dysbalancen führen. Häufige Begleiterscheinungen sind:

- chronische Müdigkeit
- Hautprobleme
- geschwächtes Immunsystem
- gesteigerte Entzündungsneigung im Körper

Ein gesunder Verdauungstrakt ist daher nicht nur für das körperliche Wohlbefinden, sondern auch für viele übergeordnete Prozesse im Körper essenziell.

Fragen zur Selbstreflexion

Die folgenden Fragen helfen Ihnen, Ihr eigenes Verdauungssystem bewusster wahrzunehmen und mögliche Zusammenhänge zwischen Ernährung, Lebensstil und Verdauungsgesundheit zu erkennen. Nehmen Sie sich einen Moment Zeit, um darüber nachzudenken und gegebenenfalls Notizen zu machen.

1. Wie gut verstehe ich den Verdauungsprozess und die Funktionen der verschiedenen Organe in meinem eigenen Verdauungssystem? Gibt es bestimmte Organe oder Prozesse, die mir noch unklar sind?
2. Welche Verdauungsprobleme habe ich in der Vergangenheit erlebt, und wie könnten diese mit den häufig beschriebenen Störungen oder Funktionsweisen des Verdauungssystems zusammenhängen?
3. Nach dem Lesen des Kapitels – gibt es Hinweise oder Symptome, die darauf hindeuten könnten, dass mein Verdauungssystem nicht optimal funktioniert? Sollte ich bestimmte Aspekte meiner Ernährung oder Lebensgewohnheiten überdenken?

4. DAS MENSCHLICHE DARM-MIKROBIOM

Nachdem wir die grundlegende Anatomie und Funktion des Verdauungssystems betrachtet haben, wenden wir uns nun einem besonders wichtigen Aspekt zu: dem Darmmikrobiom. Dieses unsichtbare Ökosystem aus Milliarden von Mikroben beeinflusst unsere Gesundheit auf vielfältige Weise – von der Verdauung über das Immunsystem bis hin zur psychischen Verfassung.

Viele Forschende betrachten das Mikrobiom mittlerweile als eigenständiges Organ, das eng mit dem Verdauungstrakt zusammenarbeitet. Es schützt vor Infektionen, beeinflusst die Nährstoffaufnahme und sogar unsere Stimmung. In diesem Kapitel erfahren Sie, welche zentrale Rolle das Mikrobiom für die Gesundheit spielt, was eine gesunde Darmflora ausmacht – und wie Ernährung, Lebensstil und Umweltfaktoren diese beeinflussen können.

Die Bedeutung des Mikrobioms für die Gesundheit

Das Mikrobiom ist weit mehr als nur ein Zusatz im Körper – es ist ein aktiver Bestandteil unseres biologischen Systems. Die Mikroorganismen, die es bilden, beeinflussen direkt die Gesundheit des Darms, unterstützen die Nährstoffaufnahme und helfen, schädliche Keime abzuwehren. Darüber hinaus trägt ein stabiles Mikrobiom wesentlich zur Regulierung des Immunsystems bei und kann entzündlichen Prozessen entgegenwirken.

Symbiose und Dysbiose: Wann ist das Mikrobiom im Gleichgewicht?

Befindet sich das Mikrobiom in *Symbiose* – also im Gleichgewicht zwischen nützlichen und potenziell schädlichen Mikroorganismen – profitieren Verdauung, Darmbarriere und Immunsystem gleichermaßen.

Kommt es hingegen zu einer *Dysbiose*, also einem Ungleichgewicht, können sich schädliche Keime ausbreiten, während wichtige Schutzmechanismen geschwächt werden.

Warum das Mikrobiom so entscheidend ist

Das Darmmikrobiom beeinflusst nahezu jeden Aspekt unserer Gesundheit:

- **Schutz vor Krankheitserregern:** Es verhindert das Eindringen schädlicher Mikroben und Parasiten.

- **Regulation des Immunsystems:** Ein Großteil der Immunzellen sitzt im Darm und wird von den Mikroben beeinflusst.

- **Verstoffwechslung von Nährstoffen und Medikamenten:** Es bestimmt, wie effizient wir Vitamine, Mineralstoffe und Arzneimittel aufnehmen.

- **Einfluss auf Stimmung und Gehirn:** Das Mikrobiom beeinflusst Neurotransmitter wie Serotonin und spielt eine Rolle bei Stress, Angst und Depressionen.

- **Auswirkungen auf den Stoffwechsel und das Körpergewicht:** Eine gestörte Darmflora kann mit Übergewicht oder Stoffwechselstörungen zusammenhängen.

- **Bedeutung für das Altern:** Ein vielfältiges Mikrobiom kann dazu beitragen, Entzündungen zu reduzieren und gesund zu altern.

Was ist das Darmmikrobiom?

Das Mikrobiom umfasst sämtliche Mikroorganismen, die in unserem Darm leben – darunter Bakterien, Viren, Pilze und Archaeen. Diese Mikroben sind nicht nur passive Mitbewohner, sondern übernehmen lebenswichtige Funktionen:

- **Nährstoffverwertung:** Sie helfen bei der Verdauung und der Produktion wichtiger Vitamine (z. B. B-Vitamine, Vitamin K).

- **Immunabwehr:** Rund 70 % des Immunsystems sitzen im Darm – ein gesundes Mikrobiom schützt vor Krankheitserregern.
- **Darmbarriere:** Es stärkt die Schleimhaut und verhindert das Eindringen schädlicher Stoffe.
- **Hormonproduktion:** Bestimmte Darmbakterien beeinflussen die Produktion von Serotonin („Glückshormon"), das für die Stimmungslage entscheidend ist.

Warum eine gesunde Darmflora entscheidend ist

Eine vielfältige und stabile Mikrobengemeinschaft bildet die Grundlage für ein starkes Immunsystem, reguliert Entzündungen und unterstützt die Aufnahme lebenswichtiger Nährstoffe. Eine Dysbiose im Mikrobiom kann zu einer Vielzahl von Beschwerden führen, darunter Verdauungsprobleme wie Blähungen oder Verstopfung, chronische Entzündungen, Hauterkrankungen wie Ekzeme und Akne, sowie mentale Beschwerden wie Angst und Depression. Auch Stoffwechselprobleme wie Insulinresistenz und Gewichtszunahme können die Folge sein.

Faktoren, die das Mikrobiom positiv und negativ beeinflussen

Unser Lebensstil hat einen enormen Einfluss auf das Mikrobiom – täglich treffen wir Entscheidungen, die es stärken oder schwächen können:

✓ Ballaststoffreiche Ernährung

✓ Fermentierte Lebensmittel

✓ Ausreichend Schlaf

✓ Bewegung

✓ Stressbewältigung

✗ Zucker- und fettreiche Ernährung

✗ Häufige Antibiotika-Einnahme

✗ Dauerstress

✗ Mangel an Ballaststoffen

Ein ausgewogenes Darmmikrobiom schützt vor Krankheitserregern, stärkt das Immunsystem und fördert das Wohlbefinden. Neuere Forschungen zeigen zudem, dass die *Darm-Hirn-Achse* eine wichtige Rolle für die psychische Gesundheit spielt. Die Mikroben im Darm produzieren Neurotransmitter wie *Serotonin und GABA*, die direkt unsere Stimmung, unser Stresslevel und unsere kognitiven Fähigkeiten beeinflussen.

Praktische Umsetzung: Ernährung für ein gesundes Mikrobiom

Die tägliche Ernährung beeinflusst direkt, welche Mikroorganismen sich im Darm vermehren – und damit auch, wie effektiv unser Immunsystem arbeitet oder wie stark Entzündungen im Körper verlaufen.

Besonders förderlich ist eine pflanzenbetonte, ballaststoffreiche Ernährung mit einem hohen Anteil an Gemüse, Kräutern, Bitterstoffen und fermentierten Lebensmitteln. Diese Vielfalt unterstützt gezielt das Wachstum gesundheitsfördernder Bakterien.

Welche konkreten Lebensmittel das Mikrobiom stärken und wie sie diese in Ihre Mahlzeiten integrieren können, erfahren Sie ausführlich in Kapitel 6.

Auch Schlaf, Bewegung und der Umgang mit Stress spielen eine große Rolle für das mikrobielle Gleichgewicht – dazu mehr in den kommenden Kapiteln.

Fragen zur Selbstreflexion

Die folgenden Fragen helfen Ihnen, Ihr eigenes Verdauungssystem bewusster wahrzunehmen und mögliche Zusammenhänge zwischen Ernährung, Lebensstil und Verdauungsgesundheit zu erkennen. Nehmen Sie sich einen Moment Zeit, um darüber nachzudenken und gegebenenfalls Notizen zu machen.

1. Wie ausgewogen ist meine Ernährung im Hinblick auf mein Darmmikrobiom?

2. Habe ich Beschwerden, die möglicherweise mit einer Dysbalance meiner Darmflora zusammenhängen könnten?

3. Welche positiven Veränderungen kann ich heute bereits in meine Ernährung oder meinen Lebensstil integrieren, um meine Darmgesundheit zu verbessern?

5. ENTZÜNDUNG, STRESS UND DIE DARM-HIRN-ACHSE

Der Darm ist mehr als nur ein Verdauungsorgan – er spielt eine zentrale Rolle für das gesamte körperliche und mentale Wohlbefinden. Besonders spannend ist die Entdeckung der sogenannten **Darm-Hirn-Achse**, einer bi-direktionalen Kommunikation zwischen Darm und Gehirn. Diese Verbindung beeinflusst nicht nur die Verdauung, sondern auch Stimmung, emotionales Gleichgewicht und sogar kognitive Funktionen.

Neuere Forschungen rücken zudem das Mikrobiom in den Mittelpunkt. Daraus ergibt sich die erweiterte Perspektive der **Mikrobiota-Darm-Hirn-Achse**, die zeigt, wie sehr die Zusammensetzung und Gesundheit der Darmflora die Kommunikation zwischen Darm und Gehirn beeinflusst – und umgekehrt.

Die Verbindung zwischen Darm und Gehirn

Die **Darm-Hirn-Achse** beschreibt die wechselseitige Kommunikation zwischen dem Darm und dem Gehirn, die über drei Hauptmechanismen erfolgt:

1. **Das Nervensystem**: Der Vagusnerv spielt eine zentrale Rolle bei der Kommunikation zwischen Darm und Gehirn. Signale werden

über diesen Nerv sowohl vom Gehirn an den Darm als auch umgekehrt übermittelt. Diese schnelle, direkte Kommunikation beeinflusst sowohl die Verdauung als auch das emotionale Wohlbefinden.

2. **Das Immunsystem**: Da der größte Teil des Immunsystems im Darm beheimatet ist, kann eine Dysbiose nicht nur die Verdauung, sondern auch das gesamte Immunsystem destabilisieren, was zu chronischen Entzündungen führt.

3. **Das Hormonsystem**: Der Darm beeinflusst die Produktion wichtiger Neurotransmitter wie Serotonin und Dopamin, die für die Stimmung zuständig sind. Eine gestörte Mikrobiota kann diese Prozesse stören, was zu emotionaler Instabilität und Depressionen führen kann.

Darüber hinaus zeigen neue Studien, dass Störungen der Darmbewegungen (Motilität) durch eine dysbiotische Mikrobiota nicht nur zu Verdauungsproblemen führen, sondern auch die Kommunikation zwischen Darm und Gehirn beeinträchtigen können. Dies kann einen Teufelskreis auslösen, der das gesamte System belastet.

Die *Mikrobiota-Darm-Hirn-Achse* verdeutlicht, wie stark die Gesundheit des Darms mit der geistigen und körperlichen Gesundheit verknüpft ist. Ein gut ausbalanciertes Mikrobiom fördert nicht nur die Verdauung, sondern auch das emotionale Wohlbefinden und hilft, das Risiko für zahlreiche Erkrankungen zu verringern.

Wie Stress die Darmgesundheit beeinflusst

Stress ist eine natürliche Reaktion des Körpers auf Herausforderungen und kann kurzfristig die Leistungsfähigkeit steigern. Doch chronischer Stress hat weitreichende negative Auswirkungen, insbesondere auf den Darm.

Arten von Stress und ihre Wirkung auf den Körper

- **Physiologischer Stress**: Entsteht durch körperliche Belastungen wie Schmerzen, Verletzungen oder Entzündungen.

- **Psychosozialer Stress**: Resultiert aus emotionalen Belastungen wie Ängsten, sozialen Problemen oder beruflichem Druck.

- **Akuter Stress**: Kurzfristige Belastung ohne langfristige Schäden.

- **Chronischer Stress**: Langfristige Belastung, die das Hormonsystem, die Darmflora und das Immunsystem beeinträchtigt.

- **Eustress**: Positiver Stress, der Motivation und Leistungsfähigkeit fördert.

- **Distress**: Negativer Stress, der zu Überforderung und gesundheitlichen Problemen führt.

Wie chronischer Stress den Darm beeinflusst

Dauerhafter Stress führt zu einer erhöhten Ausschüttung des Stresshormons Cortisol, was tiefgreifende Effekte auf die Darmgesundheit hat:

- **Schwächung der Darmbarriere**: Eine durchlässigere Schleimhaut (Leaky-Gut-Syndrom) lässt schädliche Stoffe in den Blutkreislauf gelangen und fördert Entzündungen.

- **Veränderung der Darmflora**: Stress begünstigt das Wachstum pathogener Keime und verringert die Vielfalt nützlicher Bakterien, was Verdauungsprobleme und Infektionen fördert.

- **Gestörte Darmmotilität**: Stress kann die Darmbewegungen entweder verlangsamen oder beschleunigen, was zu Durchfall oder Verstopfung führt und die Nährstoffaufnahme beeinträchtigt.

- **Beeinträchtigung der Immunabwehr**: Stress kann das Immunsystem aus dem Gleichgewicht bringen und Entzündungsprozesse im Körper verstärken. Das bedeutet, dass auch Autoimmunprozesse, die im

Darm entstehen, sich auf andere Körperbereiche auswirken können.

- **Reduzierte Produktion von Neurotransmittern**: Der Darm produziert etwa 90 % des Serotonins. Stress kann diese Produktion hemmen, was die Stimmung und Verdauung negativ beeinflusst.

Chronischer Stress kann eine Spirale aus Entzündungen und Verdauungsproblemen auslösen. Durch die Veränderung der Darmflora und die Schwächung der Darmbarriere wird die Entzündungsaktivität begünstigt, was das emotionale Wohlbefinden belastet und den Stress weiter anheizt.

Gezielte Stressbewältigung ist essenziell, um die negativen Auswirkungen von Stress auf den Darm zu reduzieren. Methoden wie Meditation, Yoga, achtsame Ernährung, regelmäßige Bewegung und Schlafhygiene können langfristig die Darmgesundheit fördern.

Chronische Entzündungen und ihre Folgen für die Verdauung

Das Immunsystem schützt den Körper vor Krankheitserregern – durch gezielte Entzündungsreaktionen. Problematisch wird es, wenn diese Reaktionen chronisch werden.

Ein gesunder Darm ist entscheidend für die Immunbalance, da der Großteil des Immunsystems dort angesiedelt ist. Chronische Entzündungen, ausgelöst durch Dysbiose, Leaky Gut oder übermäßige Immunaktivierung, können die Verdauungsleistung erheblich beeinträchtigen. Symptome wie Blähungen, Durchfall, Verstopfung oder Reizdarmsyndrom stehen häufig damit in Verbindung.

Bei Autoimmunerkrankungen spielt die chronische Entzündung eine zentrale Rolle. Fehlgeleitete Immunreaktionen greifen nicht nur die Darmschleimhaut an, sondern begünstigen auch systemische Entzündungen, die bis ins Gehirn wirken können. Diese neuroinflammatorischen Prozesse können Symptome wie geistige Ermüdung (Brain Fog) und sogar depressive Verstimmungen begünstigen

Faktoren, die Entzündungen und das Immunsystem beeinflussen

- **Genetik**: Die genetische Veranlagung kann die Anfälligkeit für Entzündungen und Autoimmunerkrankungen bestimmen.
- **Translokation von Bakterien**: Bakterien aus dem Darm gelangen in den Blutkreislauf und fördern Entzündungsprozesse.
- **Dysbiose**: Ein Ungleichgewicht der Darmflora begünstigt entzündliche Prozesse.

- **Ernährung**: Eine ungesunde Ernährung, insbesondere eine westliche Diät, fördert entzündungsfördernde Zytokine.
- **Erhöhte Darmpermeabilität**: Ein durchlässiger Darm (Leaky Gut) lässt unerwünschte Substanzen in den Körper und führt zu Entzündungen.
- **Stress**: Chronischer Stress kann das Immunsystem schwächen und Entzündungen verstärken.

Auch Umweltfaktoren in der frühen Kindheit – z. B. Lebensstil, Mikrobiom-Exposition, Medikamenteneinsatz – beeinflussen langfristig die Immunregulation. Besonders bei Kindern zeigt sich: Eine gesunde Reizumgebung ist essenziell für die Entwicklung eines stabilen Immunsystems. Mehr dazu finden Sie im Kapitel 9.3 „Darmgesundheit bei Kindern und Jugendlichen".

Fragen zur Selbstreflexion

Die folgenden Fragen helfen Ihnen, Ihr eigenes Verdauungssystem bewusster wahrzunehmen und mögliche Zusammenhänge zwischen Ernährung, Lebensstil und Verdauungsgesundheit zu erkennen. Nehmen Sie sich einen Moment Zeit, um darüber nachzudenken und gegebenenfalls Notizen zu machen.

1. Spüre ich Veränderungen in meiner Verdauung, wenn ich unter Stress stehe?
2. Welche Anzeichen könnten darauf hindeuten, dass mein Darm nicht optimal funktioniert?
3. Welche stressreduzierenden Maßnahmen könnte ich in meinen Alltag integrieren, um meine Darmgesundheit zu unterstützen?

6. DER EINFLUSS DER ERNÄHRUNG AUF DIE DARMGESUNDHEIT

Die Ernährung nimmt eine zentrale Rolle für die Gesundheit des Darms ein. Sie beeinflusst nicht nur die Verdauung, sondern auch das Gleichgewicht des Mikrobioms und die Funktion des Immunsystems. Eine ausgewogene, nährstoffreiche Ernährung kann dazu beitragen, das Gleichgewicht der Darmbakterien zu fördern und entzündlichen Prozessen entgegenzuwirken. Umgekehrt können ungesunde Ernährungsgewohnheiten und verarbeitete Lebensmittel das Mikrobiom negativ beeinflussen und zu einer Vielzahl von Verdauungsproblemen führen.

In diesem Kapitel betrachten wir die wichtigsten Nährstoffe, die für eine gesunde Verdauung erforderlich sind, sowie Lebensmittel, die sowohl die Darmgesundheit unterstützen als auch solche, die sie belasten. Die richtige Wahl von Nahrungsmitteln ist der erste Schritt hin zu einem gesunden Darm und einem gut funktionierenden Immunsystem.

Wichtige Nährstoffe für eine gesunde Verdauung

Die Verdauung und die Gesundheit des Darms hängen von einer Vielzahl von Nährstoffen ab, die wir über unsere Ernährung aufnehmen. Einige dieser Nährstoffe sind direkt an der Aufrechterhaltung der Darmbarriere, der Regulierung von Entzündungen und der Unterstützung des Mikrobioms beteiligt.

- **Ballaststoffe**: sind unverdauliche Pflanzenbestandteile, die im Dünndarm nicht vollständig aufgespalten werden können. Sie gelangen in den Dickdarm, wo sie von bestimmten Darmbakterien als Nahrung genutzt werden. Dabei entstehen Stoffwechselprodukte, die die Schleimhaut schützen und Entzündungen entgegenwirken. Zudem fördern Ballaststoffe eine gesunde Darmbewegung, unterstützen so einen regelmäßigen Stuhlgang und tragen langfristig zur Aufrechterhaltung einer intakten Darmschleimhaut bei.
- **Probiotika und Präbiotika**: spielen eine zentrale Rolle für die Zusammensetzung und Stabilität der Darmflora. Probiotika sind lebende Mikroorganismen, die sich positiv auf die Verdauung und das Immunsystem auswirken können. Präbiotika hingegen sind unverdauliche Ballaststoffe, die als Nahrung für diese nützlichen Bakterien dienen und somit deren Wachstum fördern. Die Kombination aus Pro- und Präbiotika fördert ein stabiles Mikrobiom und eine gesunde Darmtätigkeit.

- **Fettsäuren**: insbesondere ungesättigte Fettsäuren wie Omega-3, haben eine entzündungshemmende Wirkung und unterstützen die Gesundheit der Darmwand. Sie helfen dabei, die Schleimhaut zu schützen und das Immunsystem im Darm zu regulieren. Regelmäßig verzehrt, können diese Fette dazu beitragen, Entzündungsprozesse im Körper – insbesondere im Verdauungstrakt – zu verringern.
- **Vitamine und Mineralstoffe**: sind essenziell für zahlreiche Stoffwechselprozesse im Darm und tragen zur Erhaltung der Schleimhautfunktion und einer gesunden Darmbarriere bei. Eine ausgewogene Zufuhr stärkt die körpereigene Abwehr und unterstützt die Regeneration der Darmzellen.
- **Polyphenole**: sind sekundäre Pflanzenstoffe, die in vielen pflanzlichen Lebensmitteln enthalten sind und eine antioxidative sowie entzündungshemmende Wirkung haben. Sie unterstützen die Darmgesundheit, indem sie das Wachstum nützlicher Bakterien fördern und gleichzeitig das Gleichgewicht im Mikrobiom stärken. Polyphenole liefern wertvolle Mikronährstoffe und tragen gleichzeitig zu einem gesunden, vielfältigen Mikrobiom bei.
- **Proteine**: sind essentiell für den Aufbau und die Reparatur der Darmschleimhaut.

Besonders Aminosäuren wie L-Glutamin spielen eine Schlüsselrolle in der Unterstützung der Darmbarriere und fördern die Regeneration der Darmzellen.

Lebensmittel, die die Darmgesundheit stärken

Die Wahl der richtigen Lebensmittel kann die Darmflora gezielt unterstützen, die Darmbarriere stärken und Entzündungsprozesse regulieren. Im Folgenden finden Sie eine beispielhafte Übersicht besonders darmfreundlicher Lebensmittel, ergänzt durch kurze Hinweise zur praktischen Bedeutung:

- **ballaststoffreiche Lebensmittel**: Gemüse, Obst, Hülsenfrüchte, Vollkornprodukte, Nüsse, Leinsamen
  (*fördern die Darmbewegung & Mikrobiomvielfalt*)
- **probiotische Lebensmittel**: Naturjoghurt, Sauerkraut (roh!), Kimchi, Miso, fermentiertes Gemüse, Kefir, Kombucha
  (*enthalten lebende Mikroorganismen zur Unterstützung der Darmflora*)
- **präbiotische Lebensmittel**: Zwiebeln, Knoblauch, Lauch, Topinambur, Chicorée, grüne Bananen, Schwarzwurzel, Hafer, Hülsenfrüchte
  (*„Futter" für nützliche Darmbakterien*)

- **gesunde Fette**: Lachs, Makrele, Walnüsse, Chiasamen, Leinsamen, Olivenöl (*wirken antientzündlich und unterstützen die Schleimhautgesundheit*)
- **vitamin- und mineralstoffreiche Lebensmittel**: Kürbiskerne (Zink), Karotten (Vitamin A), Eier (Vitamin D), Spinat (Magnesium). (*unterstützen Schleimhautfunktion, Zellgeneration & Immunabwehr*)
- **polyphenolreiche Lebensmittel**: Beeren, grüner Tee, Olivenöl, dunkle Schokolade (hochprozentig), Nüsse, Kurkuma (*antioxidativ & mikrobiomfreundlich*)
- **gut verdauliche Proteine**: Hühnerfleisch, Fisch, Eier, Quinoa, Linsen und Tofu. (*unterstützen Zellregeneration & Schleimhautaufbau*)
- **bittere Lebensmittel**: Artischocken, Chicorée, Rucola und Grapefruit (*regen Verdauungssäfte an & unterstützen Leber/Galle*)
- **Pflanzenvielfalt**: Ziel: 30 verschiedene Pflanzen pro Woche – darunter zählen Gemüse, Obst, Kräuter, Hülsenfrüchte, Vollkornprodukte, Samen, Gewürze, Nüsse – auch Kakao, Kaffee oder Kräutertees. (*je vielfältiger die Pflanzen, desto stabiler das Mikrobiom*)

- **Ausreichende Flüssigkeitszufuhr:**
  Wasser, Kräutertees (z. B. Fenchel, Anis, Kümmel), lauwarmes Zitronenwasser
  (*unterstützt die Verdauung, den Stoffwechsel & die Ausscheidung*)

Hinweis zur praktischen Umsetzung: Eine abwechslungsreiche Ernährung mit pflanzenbasierten, nährstoffreichen Lebensmitteln stärkt das Mikrobiom, schützt die Darmschleimhaut und reguliert Entzündungsprozesse. Besonders wirksam ist eine Kombination aus ballaststoffreichen, probiotischen, entzündungshemmenden und bitteren Lebensmitteln. Sie nähren gezielt die nützlichen Bakterien, regen die Verdauung an und tragen zu einer stabilen Darmbarriere bei.

Lebensmittel, die die Darmgesundheit belasten

Genauso wie es Lebensmittel gibt, die die Darmgesundheit fördern, gibt es auch solche, die sie negativ beeinflussen können. Einige dieser Nahrungsmittel sollten vermieden oder zumindest in Maßen konsumiert werden:

- **Zucker und verarbeitete Lebensmittel**: Zucker und stark verarbeitete Produkte fördern schädliche Bakterien im Darm. Das kann Entzündungen und eine durchlässigere Darmwand begünstigen. Zuckerreiche Lebensmittel erhöhen auch den Insulinspiegel, was entzündliche Prozesse im Körper zusätzlich begünstigen kann.

- **Transfette und industrielle Fette**: Diese Fette, die in vielen Fertigprodukten und Fast Food enthalten sind, können die Darmbarriere schädigen und Entzündungsprozesse im Darm fördern.

- **Gluten und Milchprodukte**: Während glutenhaltige Lebensmittel für viele Menschen unproblematisch sind, können sie bei Personen mit Sensitivitäten oder Unverträglichkeiten Entzündungen und Verdauungsprobleme hervorrufen. Auch Milchprodukte können bei Menschen mit Laktoseintoleranz zu Blähungen und Durchfall führen.

- **Alkohol**: Übermäßiger Alkoholkonsum kann die Darmflora aus dem Gleichgewicht bringen, die Darmschleimhaut schädigen und die Immunfunktion beeinträchtigen. Ein regelmäßiger hoher Konsum fördert zudem Entzündungen und eine erhöhte Darmpermeabilität.

- **Künstliche Süßstoffe**: Einige Studien deuten darauf hin, dass künstliche Süßstoffe wie Aspartam und Saccharin das Mikrobiom negativ beeinflussen und die Darmgesundheit stören können. Sie können das

Wachstum schädlicher Bakterien fördern und die Verdauung beeinträchtigen.

Ernährung ist kein isolierter Faktor – sie wirkt immer im Zusammenspiel mit Stress, Bewegung und dem persönlichen Lebensstil. Achten Sie auf einen ganzheitlichen Ansatz, um Ihren Darm nachhaltig zu stärken.

Fragen zur Selbstreflexion

Die folgenden Fragen helfen Ihnen, Ihr eigenes Verdauungssystem bewusster wahrzunehmen und mögliche Zusammenhänge zwischen Ernährung, Lebensstil und Verdauungsgesundheit zu erkennen. Nehmen Sie sich einen Moment Zeit, um darüber nachzudenken und gegebenenfalls Notizen zu machen.

1. Wie ausgewogen ist meine aktuelle Ernährung in Bezug auf Ballaststoffe, gesunde Fette und fermentierte Lebensmittel? Welche Veränderungen könnte ich vornehmen, um meine Darmgesundheit zu unterstützen?
2. Welche Lebensmittel habe ich in meiner täglichen Ernährung, die möglicherweise meine Darmgesundheit negativ beeinflussen könnten? Wie könnte ich diese durch gesündere Alternativen ersetzen?

3. Habe ich bereits Anzeichen von Verdauungsproblemen oder Unverträglichkeiten bemerkt, die durch bestimmte Lebensmittel ausgelöst werden könnten? Welche Schritte kann ich unternehmen, um meine Ernährung daraufhin zu optimieren?

7. ERNÄHRUNGSBASIERTE HEILAN-SÄTZE FÜR VERDAUUNGSPROB-LEME

Verdauungsprobleme wie Sodbrennen, Blähungen, Völlegefühl oder Durchfall treten häufig auf – und oft ist unklar, woher sie eigentlich kommen. In diesem Kapitel widmen wir uns deshalb den häufigsten Beschwerden entlang des Verdauungstrakts und beleuchten, **welche Ursachen dahinterstecken könnten** und **welche Ernährungsansätze helfen**, um die betroffenen Bereiche zu entlasten.

Dabei orientieren wir uns am Weg der Nahrung durch den Körper – vom Mund bis zum Dickdarm – und zeigen typische Symptome, mögliche Auslöser und alltagstaugliche Lösungsansätze.

Dieses Kapitel ist bewusst so aufgebaut, dass Sie **gezielt nach Ihren Beschwerden suchen können**. Ob Reflux, Nahrungsmittelunverträglichkeiten, Gallensteine oder Nährstoffmängel – Sie finden hier konkrete Hinweise, worauf Sie achten können und wie Sie Ihre Verdauung gezielt unterstützen.

Der Mund – erster Schritt der Verdauung

Der Mund ist nicht nur der Startpunkt der Verdauung, sondern spiegelt auch die Gesundheit des gesamten Verdauungstrakts wider. Auffälligkeiten im Mundbereich können auf Nährstoffmängel oder systemische Ungleichgewichte hinweisen.

Häufige Beschwerden:

- **Halitosis** (Mundgeruch):
  - *Auslöser:* unzureichende Mundhygiene, trockener Mund, Bakterien auf der Zunge, geringer Wasserkonsum, bestimmte Lebensmittel (z. B. Zwiebeln, Knoblauch)
  - *Ansätze:* regelmäßige Zahnpflege, antibakterielle Mundspülungen, ausreichend Wasser, zahnfreundliche Ernährung
- **Gingivitis** (Zahnfleischentzündung):
  - Auslöser: schlechte Mundhygiene, Rauchen, Hormonveränderungen, Vitamin-C-Mangel
  - *Ansätze:* gründliche Mundpflege, Vitamin-C-reiche Ernährung, antibakterielle Spülungen
- **Aphten & Mundgeschwüre:**
  - *Auslöser:* entstehen oft durch Reizungen oder Nährstoffmängel (B12, Eisen, Folsäure)
  - *Ansätze:* Verzicht auf scharfe Speisen, lokale Mundgele, Stressreduktion, gezielte Supplementierung

- **Entzündete Mundschleimhaut:**
    - o *Auslöser*: Infektionen, Medikamente, Allergien, falsche Hygiene
    - o *Ansätze:* sanfte Zahnpflege, entzündungshemmende Spülungen, reizfreie Ernährung, ausreichend Flüssigkeit
- **Pilzinfektionen** (z. B. Candidose):
    - o *Auslöser:* häufig durch Antibiotika, Diabetes oder Zuckerüberschuss begünstigt
    - o *Ansätze:* antimykotische Präparate, zuckerarme Ernährung, gute Mundhygiene

Tipp: Bewusstes, gründliches Kauen ist eine einfache, aber wirkungsvolle Maßnahme zur Unterstützung der Verdauung – denn sie beginnt bereits im Mund. Wer sich dafür Zeit nimmt, entlastet Magen und Darm und verbessert die Nährstoffaufnahme.

Die Speiseröhre und der Magen

Die Nahrung durchläuft nach dem Kauen die Speiseröhre und landet im Magen. Beide Stationen sind anfällig für Beschwerden, die eng mit der Ernährung zusammenhängen.

Häufige Beschwerden:

- **Aufstoßen:**
  - *Auslöser:* hastiges Essen oder kohlensäurehaltige Getränke
  - *Ansätze:* langsames Essen, weniger kohlensäurehaltige Getränke, kleine Mahlzeiten

- **Sodbrennen & Reflux** (GERD):
  - *Auslöser:* fettreiche Ernährung, Stress, spätes Essen, Übergewicht
  - *Ansätze:* säurearme Ernährung, Hafer, Ingwer, kleine Mahlzeiten, aufrechte Haltung nach dem Essen
- **Gastritis** (Magenschleimhautentzündung):
  - *Auslöser:* häufig durch Alkohol, Schmerzmittel oder Stress
  - *Ansätze:* magenberuhigende Tees (Kamille, Pfefferminze), entzündungshemmende Kost, Verzicht auf Reizstoffe
- **Gastroparese** (verzögerte Magenentleerung):
  - *Auslöser:* besonders bei Diabetes oder Nervenschäden
  - *Ansätze:* leicht verdauliche, ballaststoffarme Nahrung, kleine Portionen, Blutzuckerkontrolle
- **Eosinophile Ösophagitis:**
  - *Auslöser:* Entzündung durch Nahrungsmittelunverträglichkeiten.

o   *Ansätze:* Auslassdiät, entzündungs-
hemmende Nahrungsmittel (z. B.
Kurkuma, Hafer), allergologische
Abklärung

Tipp: Wenn Sie häufig unter Völlegefühl, Sodbren-
nen oder saurem Aufstoßen leiden, kann das ein
Hinweis auf eine Überforderung des Magens sein.
Kleine Mahlzeiten, ausreichendes Kauen und das
Vermeiden von hastigem Essen können hier bereits
viel bewirken.

Die Leber – das Entgiftungsorgan

Die Leber ist entscheidend für den Abbau von Gift-
stoffen, die Fettverdauung und die Speicherung von
Nährstoffen.

Häufige Beschwerden:

- **Nicht-alkoholische Fettleber:**

    o   *Auslöser:* übermäßigen Zuckerkon-
    sum, Übergewicht oder Insulinresis-
    tenz
    o   *Ansätze:* Zuckerreduktion, ballast-
    stoffreiche Ernährung, gesunde
    Fette (z. Bsp. Nüsse, Avocados), ent-
    zündungshemmende Lebensmittel
    (z. Bsp. Artischocken, grüner Tee)

- **Hepatitis (Leberentzündung):**
  - *Auslöser:* Viren, Medikamente, Autoimmunprozesse
  - *Ansätze:* antioxidantienreiche Ernährung (z. Bsp. Beeren, grünes Blattgemüse), Omega-3-Fette, Alkoholverzicht

Tipp: Die Leber arbeitet oft still im Hintergrund – Müdigkeit, unreine Haut oder Antriebslosigkeit können dennoch Hinweise auf eine Überlastung sein. Bitterstoffe, Leberwickel und regelmäßige Essenspausen können die Entlastung im Alltag sanft unterstützen.

Wichtig: Keine Nahrung oder Nahrungsergänzung „entgiftet" den Körper direkt. Die Leber übernimmt diese Funktion. Sie kann jedoch durch eine nährstoffreiche, entzündungshemmende Ernährung unterstützt werden.

Die Bauchspeicheldrüse – Enzymfabrik des Körpers

Die Bauchspeicheldrüse produziert Enzyme für die Verdauung und Hormone zur Blutzuckerregulation.

Häufige Beschwerden:

- **Pankreatitis** (Entzündung):
  - *Auslöser:* Alkohol, Gallensteine, Infektionen

- *Ansätze:* Alkoholstopp, fettarme Ernährung, entzündungshemmende Kost, ggf. Enzympräparate
- **Exokrine Pankreasinsuffizienz:**
  - *Auslöser:* verminderte Enzymproduktion
  - *Ansätze:* Enzymsupplemente, fettarme Ernährung, regelmäßige Mahlzeiten
- **Typ-2-Diabetes:**
  - *Auslöser:* Insulinresistenz in Folge von schlechter Ernährung und Bewegungsmangel
  - *Ansätze:* zuckerarme Vollwertkost, Bewegung, Gewichtsmanagement, Blutzuckerkontrolle

Tipp: Wiederkehrendes Aufstoßen, Blähungen oder das Gefühl, Speisen nicht gut zu vertragen, können mit einer geschwächten Enzymproduktion zusammenhängen. Leicht verdauliche, gut gekaute Mahlzeiten und Bitterstoffe können eine sanfte Unterstützung bieten.

Die Gallenblase – die Unterstützerin der Fettverdauung

Die Gallenblase speichert und konzentriert die in der Leber produzierte Gallenflüssigkeit. Diese wird bei fettreichen Mahlzeiten ausgeschüttet, um die Fettverdauung zu unterstützen.

Häufige Beschwerden:

- **Völlegefühl nach dem Essen:**
  - ○ *Auslöser:* fettreiche Mahlzeiten oder unzureichende Gallenflüssigkeit
  - ○ *Ansätze:* gesunde Fette in Maßen (z. Bsp. Avocado, Nüsse), kleinere Mahlzeiten, Artischocke, Bitterstoffe (z. B. Rucola, Endivie), aufrechte Haltung nach dem Essen
- **Gallensteine:**
  - ○ *Auslöser:* entstehen durch hohe Cholesterinwerte, geringe Ballaststoffzufuhr, stark kalorienarme Diäten oder hormonelle Einflüsse
  - ○ *Ansätze:* regelmäßige, ausgewogene Mahlzeiten, ballaststoffreiche Ernährung, Vermeidung starker Gewichtsschwankungen, Bitterstoffe zur Unterstützung des Gallenflusses
- **Postcholezystektomie-Syndrom** (nach Gallenblasenentfernung):
  - ○ *Auslöser:* ohne Gallenblase wird Galle kontinuierlich in den Dünndarm abgegeben, was zu Verdauungsbeschwerden führen kann

o *Ansätze:* fettarme Kost, mehrere kleine Mahlzeiten täglich, ausreichend Ballaststoffe

Tipp: Wenn Sie häufig Völlegefühl, Blähungen oder fettunverträgliche Reaktionen bemerken, kann das ein Hinweis auf eine eingeschränkte Gallenfunktion sein. Bitterstoffe in Kombination mit bewusster Esspraxis können hier oft einen spürbaren Unterschied machen.

Der Dünndarm – Ort der Nährstoffaufnahme

Der Dünndarm ist die zentrale Stelle für die Aufnahme von Makro- und Mikronährstoffen. Eine gestörte Funktion kann vielfältige Auswirkungen auf die Gesundheit haben.

Häufige Beschwerden:

- **Nährstoffmängel** (z. B. B12, Eisen, Magnesium):
  - o *Auslöser:* kann eine gestörte Aufnahme durch Entzündungen, Medikamente oder Zöliakie sein
  - o *Ansätze:* Ursachenklärung (z. B. durch Labortests), gezielte Zufuhr fehlender Nährstoffe, darmfreundliche Ernährung

- **Zöliakie** (Glutenunverträglichkeit):
  - *Auslöser:* Autoimmunreaktion auf Gluten, führt zur Schädigung der Darmschleimhaut
  - *Ansätze:* konsequenter Verzicht auf glutenhaltige Getreide (z. Bsp. Weizen, Roggen, Gerste), Fokus auf glutenfreie Vollwertkost (z. Bsp. Hirse, Quinoa, Reis, Buchweizen)
- **Laktoseintoleranz:**
  - *Auslöser:* Milchzucker kann nicht aufgespalten werden, was zu Blähungen, Durchfall oder Krämpfen führt
  - *Ansätze:* laktosearme oder -freie Produkte, pflanzliche Alternativen (z. Bsp. Hafer-, Mandel-, Sojamilch), ggf. Enzympräparate
- **Fruktosemalabsorption:**
  - *Auslöser:* unzureichende Aufnahme von Fruchtzucker im Dünndarm
  - *Ansätze:* fruktosearme Ernährung, Kombination mit Glukose (z. B. Banane statt Apfel), langsames Essen, Reduktion von Fertigprodukten
- **Histaminintoleranz:**
  - *Auslöser:* unzureichender Abbau von Histamin im Körper
  - *Ansätze:* Vermeidung histaminreicher Lebensmittel (z. B. gereifter

Käse, Rotwein, Geräuchertes), frische Zubereitung, Unterstützung der Darmbarriere

Tipp: Unregelmäßiger Stuhl, Nährstoffmängel oder ein „Blähbauch" können Hinweise auf eine gestörte Aufnahme im Dünndarm sein. Eine entzündungsarme Ernährung und das Meiden stark verarbeiteter Lebensmittel können hier oft hilfreich sein.

Der Dickdarm – Ort der Wasserresorption & des Mikrobioms

Im Dickdarm werden vor allem Wasser und Mineralstoffe rückresorbiert. Hier sitzt auch der Großteil unseres Mikrobioms, das eine Schlüsselrolle für die Immunabwehr, die Darmbarriere und sogar die Stimmung spielt.

Häufige Beschwerden:

- **Blähungen & Flatulenzen:**
    - *Auslöser:* oft durch bakterielle Fehlbesiedlung, blähende Nahrungsmittel oder hastiges Essen
    - *Ansätze:* langsames, bewusstes Essen, Reduktion schwer verdaulicher Lebensmittel (z. B. Zwiebeln, Kohl), gezielte Pro- & Präbiotika

- **Reizdarmsyndrom** (IBS):
  - *Auslöser:* vielfältige Beschwerden ohne klare organische Ursache
  - *Ansätze:* FODMAP[2]-arme Ernährung, Stressmanagement, sanfter Aufbau der Darmflora, Ernährungstagebuch zur Identifikation von Triggern
- **Verstopfung** (Obstipation):
  - *Auslöser:* häufig bei ballaststoffarmer Ernährung, Bewegungsmangel oder unzureichender Flüssigkeitszufuhr
  - *Ansätze:* Ballaststoffe (z. B. Leinsamen, Flohsamenschalen), ausreichend Flüssigkeit, regelmäßige Bewegung, Mahlzeitenrhythmus

- **Durchfall:**
  - *Auslöser:* reichen von Infektionen bis hin zu Unverträglichkeiten
  - *Ansätze:* Schonkost (z. B. Reis, geriebener Apfel, Karotten), Elektrolytausgleich, ggf. Probiotika zur Regeneration der Darmflora

---

[2] **FODMAP** ist ein Sammelbegriff für bestimmte, schwer verdauliche Kohlenhydrate, die im Darm Wasser binden und von Bakterien im Dickdarm vergoren werden – was zu Blähungen, Schmerzen oder Durchfall führen kann, besonders bei einem empfindlichen Verdauungssystem, z. B. Fruktose, Laktose, Fruktane, Sorbit.

- **Dysbiose** (Ungleichgewicht im Mikrobiom):
  - *Auslöser:* häufig durch Antibiotika, Zuckerüberschuss, Stress oder unausgewogene Ernährung
  - *Ansätze:* fermentierte Lebensmittel (z. Bsp. Sauerkraut, Kimchi, Kefir), lösliche Ballaststoffe, zuckerarme Ernährung, Präbiotika (z. B. Chicorée, Topinambur)

Tipp: Bei anhaltenden Blähungen, Durchfall oder Verstopfung lohnt sich ein genauer Blick auf Ernährung, Stress und Bewegung. Viel Flüssigkeit, lösliche Ballaststoffe und regelmäßige Routinen fördern eine gesunde Darmtätigkeit.

Alles hängt zusammen

Obwohl wir die Beschwerden in diesem Kapitel organbezogen betrachtet haben, zeigt sich in der Praxis, dass das Verdauungssystem als Einheit funktioniert. Störungen in einem Bereich können sich auf andere auswirken. Deshalb ist es entscheidend, nicht nur das Symptom zu betrachten, sondern auch den gesamten Lebensstil. In den kommenden Kapiteln widmen wir uns den ganzheitlichen Einflussfaktoren, die Ihre Verdauung und Ihr Wohlbefinden nachhaltig unterstützen können

Fragen zur Selbstreflexion

Die folgenden Fragen helfen Ihnen, Ihr eigenes Verdauungssystem bewusster wahrzunehmen und mögliche Zusammenhänge zwischen Ernährung, Lebensstil und Verdauungsgesundheit zu erkennen. Nehmen Sie sich einen Moment Zeit, um darüber nachzudenken und gegebenenfalls Notizen zu machen.

1. Wie wirken sich meine Ernährungsgewohnheiten auf meine Verdauung und meine allgemeinen Symptome aus?

2. Habe ich in letzter Zeit Veränderungen in meiner Verdauung bemerkt, wie Blähungen, Verstopfung oder Durchfall, und was könnten mögliche Ursachen sein?

3. Wie oft nehme ich mir Zeit für die richtige Verdauung, indem ich achtsam esse und auf meine Körperbedürfnisse höre?

8. LEBENSSTILSTRATEGIEN FÜR EINE OPTIMALE DARMGESUNDHEIT

Darmgesundheit ist mehr als nur Ernährung. Unsere Verdauung ist eng mit unserem Lebensstil verknüpft – mit dem, was wir denken, wie wir fühlen und wie wir leben. Ganzheitliches Wohlbefinden bedeutet, die vielen Faktoren zu berücksichtigen, die unsere Gesundheit täglich beeinflussen. Dazu zählen Stress, Schlaf, Bewegung, unser soziales Umfeld und auch unsere mentale Einstellung zum Leben.

Ein wachsendes Verständnis für „Wellness als Lebensstil" zeigt, wie entscheidend diese Elemente sind, um langfristig Gesundheit – besonders auf Ebene der Verdauung – zu fördern. Dieses Kapitel gibt einen Überblick über zentrale Lebensstilfaktoren, die eine gesunde Verdauung unterstützen und den Darm langfristig stärken.

Wellness als Lebensstil – ein ganzheitlicher Prozess

Wellness ist kein Ziel, sondern ein Weg. Es ist ein fortlaufender Prozess bewusster Entscheidungen für ein gesünderes, ausgeglicheneres Leben. Anders als der Begriff „Gesundheit", der oft als medizinischer Zustand verstanden wird, umfasst Wellness viele Facetten unseres Lebens – körperlich, emotional, geistig, sozial, beruflich, spirituell und kulturell.

Der Wellness-Ansatz geht davon aus, dass all diese Lebensbereiche untrennbar miteinander verbunden sind. Wenn eine Dimension aus dem Gleichgewicht gerät, wirkt sich das auch auf die anderen aus – und damit auf unser gesamtes Wohlbefinden. Besonders relevant ist das für die Darmgesundheit, denn der Darm reagiert hochsensibel auf physische, emotionale und soziale Einflüsse.

Ein bekanntes Modell zur Veranschaulichung dieses Zusammenhangs ist das **Wellness-Rad**, das die sieben zentralen Dimensionen von Wellness darstellt:

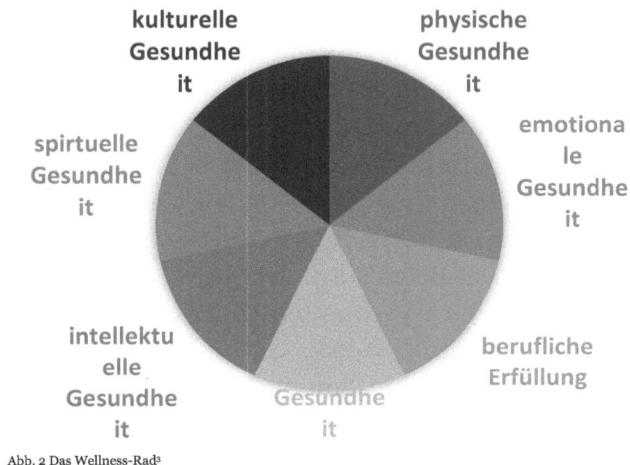

kulturelle
Gesundhe
it

physische
Gesundhe
it

emotiona
le
Gesundhe
it

spirtuelle
Gesundhe
it

berufliche
Erfüllung

intellektu
elle
Gesundhe
it

Gesundhe
it

Abb. 2 Das Wellness-Rad[3]

Die sieben Dimensionen von Wellness:

- **Physische Gesundheit** – Diese Dimension umfasst Bewegung, Ernährung, Schlaf
  und den Umgang mit gesundheitlichen Beschwerden. Alles, was unseren Körper direkt
  beeinflusst, hat unmittelbare Auswirkungen
  auf die Verdauung:
  - Eine darmfreundliche Ernährung
    nährt das Mikrobiom.
  - Ausreichend Bewegung regt die
    Darmperistaltik an.
  - Guter Schlaf unterstützt die Regene-
    ration der Darmschleimhaut.

[3] Eigene Darstellung

- Der Verzicht auf Nikotin, übermäßigen Alkoholkonsum oder stark verarbeitete Lebensmittel schützt vor Entzündungen im Verdauungstrakt.

- **Emotionale Gesundheit** – Wie wir mit Emotionen umgehen – ob wir sie unterdrücken, ausdrücken oder reflektieren – beeinflusst den Darm stark. Der Darm ist eng mit dem Gehirn verbunden (Stichwort: Darm-Hirn-Achse). Stress, Angst oder unterdrückte Gefühle können Magen-Darm-Beschwerden wie Blähungen, Verstopfung oder Durchfall auslösen. Emotionales Wohlbefinden schafft die Basis für eine stabile Verdauung.

- **Berufliche Erfüllung** – Ein erfüllendes Arbeitsumfeld – oder auch ein achtsamer Umgang mit Stress und Leistungsdruck – spielt eine wichtige Rolle. Dauerhafte berufliche Überforderung kann zu chronischem Stress führen, der den Darm belastet und langfristig zu Problemen wie Reizdarmsyndrom oder Nahrungsmittelunverträglichkeiten beitragen kann. Auch ständige Erreichbarkeit und fehlende Erholungszeiten schwächen das Immunsystem und das Mikrobiom.

- **Soziale Gesundheit** – Soziale Beziehungen wirken wie ein Schutzfaktor für unsere Gesundheit. Ein unterstützendes Umfeld reduziert Stress, schenkt emotionale Sicherheit und hilft uns, besser mit Herausforderungen umzugehen. Einsamkeit hingegen kann nicht nur die Psyche belasten, sondern auch entzündliche Prozesse im Körper verstärken – ein Risikofaktor für die Darmgesundheit.

- **Intellektuelle Gesundheit** – Neugier, Lernen und geistige Aktivität fördern nicht nur das Gehirn, sondern auch unser gesamtes Wohlbefinden. Studien zeigen, dass Menschen, die sich aktiv weiterentwickeln und geistig engagiert bleiben, eine bessere Stressbewältigung haben – was sich wiederum positiv auf das Nervensystem und den Darm auswirkt.

- **Spirituelle Gesundheit** – Diese Dimension beschreibt unsere Verbindung zu etwas Größerem – sei es durch Religion, Natur, Meditation oder innere Werte. Spirituelle Praktiken wie Achtsamkeit oder Dankbarkeit können Stress senken und helfen, bewusster mit dem eigenen Körper umzugehen. Das unterstützt nicht nur die emotionale Balance, sondern kann auch dabei helfen, Beschwerden besser zu regulieren.

- **Kulturelle Gesundheit** – Unsere kulturellen Wurzeln, Identität und Zugehörigkeit haben Einfluss darauf, wie wir mit

Gesundheit und Krankheit umgehen. Auch Essgewohnheiten, Lebensstile und der Zugang zu gesundheitsfördernden Maßnahmen sind kulturell geprägt. Ein respektvoller und bewusster Umgang mit der eigenen Kultur kann zu mehr Selbstverantwortung und gesünderen Entscheidungen führen – und damit auch zur Förderung einer darmfreundlichen Lebensweise.

Jede dieser sieben Dimensionen steht mit der Gesundheit des Darms in Verbindung – teils direkt, teils subtil. Der Darm ist ein Spiegel unseres gesamten Lebensstils. Deshalb lohnt es sich, nicht nur auf Symptome zu schauen, sondern auf das große Ganze. Ein balancierter Alltag, der Körper, Geist und Emotionen in Einklang bringt, ist der effektivste Weg, langfristig für eine stabile, gesunde Verdauung zu sorgen.

Stressmanagement – Strategien zur aktiven Stressbewältigung

Stress gehört zu den stärksten Einflussfaktoren auf unsere Darmgesundheit – und viele unterschätzen, wie direkt diese Verbindung wirkt. Was Sie bereits im Kapitel zur Darm-Hirn-Achse erfahren haben, bildet die wissenschaftliche Grundlage dafür. In diesem Kapitel geht es nun darum, **wie Sie aktiv gegensteuern können**. Welche Strategien helfen wirklich im Alltag? Welche Techniken sind praktikabel – auch mit wenig Zeit? Und wie lässt sich Stress bewusst abbauen, um den Darm zu entlasten und langfristig zu stabilisieren?

Deshalb ist ein effektives **Stressmanagement** ein wesentlicher Bestandteil jeder ganzheitlichen Strategie für bessere Darmgesundheit. Es gibt zahlreiche Methoden, um den Einfluss von Stress auf den Darm zu reduzieren. Wichtig ist: Nicht jede Technik passt zu jeder Person – ausprobieren, was sich stimmig anfühlt, ist hier der beste Weg.

Folgende Methoden haben sich bisher bewährt:

- **Kognitive Verhaltenstherapie:** Dieser therapeutische Ansatz zielt darauf ab, stressverstärkende Denkmuster zu erkennen und gezielt zu verändern. Typisch sind z. B.:
  - **Reframing**: negative Gedanken neu bewerten
  - **Selbstbeobachtung**: Muster von Stressauslösern erkennen
  - **Zielarbeit**: realistische, kleine Schritte formulieren
  - **Stress-Tagebuch**: um Belastungen sichtbar zu machen
- **Entspannungsverfahren & Achtsamkeitstechniken:** Diese Methoden aktivieren gezielt den parasympathischen Anteil

des Nervensystems – also den "Rest-and-Digest"-Modus – und wirken so direkt auf die Verdauung.

- **Atemtechniken**: bewusstes, langsames Atmen zur Beruhigung des Nervensystems (z. B. 4–7–8-Atmung oder Bauchatmung)
- **Progressive Muskelrelaxation (PMR)** nach Jacobson: gezieltes An- und Entspannen einzelner Muskelgruppen zur körperlichen und mentalen Entspannung.
- **Autogenes Training**: eine Entspannungstechnik, bei der durch selbstformulierte Sätze wie „Mein Arm ist schwer" ein Zustand tiefer Ruhe erreicht wird.
- **Geführte Meditationen & Visualisierungen**: z. B. über Audioanleitungen – innere Bilder helfen, Stress abzubauen und Klarheit zu fördern:
- **Mindfulness-Based Stress Reduction (MBSR)**: achtsamkeitsbasierte Stressbewältigung: bewusst im Moment sein, ohne zu bewerten – z. B. beim Essen, Atmen oder Spazieren.

Viele dieser Techniken lassen sich ganz einfach in den Alltag integrieren – und entfalten gerade durch regelmäßige Anwendung ihre volle Wirkung.

- **Körperliche Bewegung & Naturkontakt:** Regelmäßige Bewegung hilft nicht nur, Stress abzubauen, sondern reguliert auch den Stoffwechsel, das Immunsystem – und den Darm.
  - **Spaziergänge in der Natur** (Stichwort: *Waldbaden*)
  - **Yoga** (besonders Hatha oder Yin Yoga für Entspannung)
  - **Bewegungseinheiten im Alltag** wie Tanzen, Dehnen oder leichtes Joggen.

Der Aufenthalt im Grünen senkt nachweislich das Stresshormon Cortisol und unterstützt gleichzeitig das Immunsystem.

- **Therapeutische Unterstützung:** In bestimmten Lebensphasen kann professionelle Unterstützung durch Psychotherapie, Coaching oder Hypnose sinnvoll sein, insbesondere bei tiefsitzenden Mustern, traumatischen Erfahrungen oder anhaltender innerer Anspannung.
- **Stressoren erkennen – woher kommt Stress eigentlich?:** Nicht jeder Stress entsteht aus akuten Krisen. Oft sind es **dauerhafte Belastungen** oder unbewusste Denk- und Verhaltensmuster, die den

Körper in Alarmbereitschaft halten. Quellen können sein:

- **Biologische Faktoren**: z. B. hormonelle Dysbalancen, Schlafmangel.
- **Psychosoziale Prozesse**: z. B. Leistungsdruck, soziale Konflikte.
- **Lebensstilfaktoren**: z. B. Ernährung, Medienkonsum, Bewegungsmangel.
- **Emotionale Belastungen**: z. B. ungelöste Konflikte, innere Unruhe.

Diese Stressoren wirken über neuroendokrine und immunologische Mechanismen direkt auf den Darm – und unterbrechen dort häufig das Gleichgewicht.

Wer gezielt Stress abbaut, unterstützt die natürliche Regeneration des Darms, senkt Entzündungswerte und verbessert die Darmbarriere. Das bedeutet nicht, dass Stress vollständig vermieden werden muss – aber mit den richtigen Tools kann die eigene Resilienz gestärkt werden.

Reinigung und Detox – wie der Körper entlastet werden kann

Wie bereits in vorangegangenen Kapiteln erläutert, ist die Leber das zentrale Organ für die Entgiftung des Körpers. Sie filtert Schadstoffe aus dem Blut, wandelt sie in ausscheidbare Formen um und trägt damit zur inneren Balance bei. Eine gut funktionierende Leberentgiftung entlastet das Verdauungssystem, schützt das Mikrobiom und fördert eine gesunde Darmschleimhaut.

Umweltgifte erkennen und reduzieren

Im Alltag besteht eine Vielzahl an Belastungen durch Umweltgifte. Häufige Beispiele sind:

- **Dioxine**: Entstehen z. B. bei der Müllverbrennung oder finden sich in gebleichtem Papier.
- **Schwermetalle**: Dazu zählen etwa Blei und Quecksilber, die über alte Wasserleitungen oder bestimmte Fischarten aufgenommen werden können.
- **Pestizide**: Rückstände finden sich auf konventionell angebautem Obst und Gemüse.
- **PFAS (Per- und Polyfluoralkylsubstanzen)**: Diese „Ewigkeitschemikalien" sind in beschichteten Pfannen, Outdoor-Kleidung oder bestimmten Verpackungen enthalten.

Möglichkeiten zur Reduktion solcher Belastungen umfassen:

- Keine Verbrennung von Abfallmaterialien im Wohnumfeld.

- Verwendung ungebleichter Kaffeefilter und Teebeutel.
- Bevorzugung biologisch angebauter Lebensmittel.
- Verzicht auf antihaftbeschichtetes Kochgeschirr zugunsten von Alternativen wie Edelstahl oder Gusseisen.
- Einsatz geeigneter Wasserfilter zur Minimierung von Schadstoffrückständen.

Nährstoffe zur Unterstützung der Leberfunktion

Die Entgiftungskapazität der Leber kann durch bestimmte Nährstoffe unterstützt werden. Hierzu zählen:

- **Vitamin C**: Wirkt antioxidativ und schützt vor freien Radikalen.
- **B-Vitamine**: Beteiligt an zahlreichen enzymatischen Prozessen, u. a. bei der Entgiftung.
- **Aminosäuren**: Wie Glycin und Glutamin, die zur Konjugation von Toxinen beitragen.
- **Phytochemikalien**: Pflanzliche Verbindungen, etwa aus Brokkoli oder Kohl, aktivieren entgiftende Enzyme.
- **Omega-3-Fettsäuren**: Wirken entzündungshemmend und stärken die Zellstruktur der Leber.

Empfohlen wird eine Ernährung, die reich an Gemüse, hochwertigem Protein und gesunden Fetten ist – insbesondere mit Fokus auf Kreuzblütlergemüse, Bitterstoffen und Ballaststoffen.

Praktische Alltagsansätze zur Entlastung

Zur Förderung der natürlichen Entgiftungsprozesse tragen mehrere Faktoren bei:

- Eine abwechslungsreiche, pflanzenbasierte Ernährung mit ballaststoffreichen Komponenten.
- Regelmäßige Flüssigkeitszufuhr, um die Ausleitung über Niere und Haut zu unterstützen.
- Körperliche Bewegung, die den Lymphfluss sowie Stoffwechselprozesse aktiviert.
- Ausreichend und qualitativ hochwertiger Schlaf, da die Leber insbesondere in der Nacht aktiv entgiftet.
- Reduktion von Alkohol, industriell verarbeiteten Lebensmitteln und übermäßigem Zuckerkonsum.

Eine gezielte Entlastung der Entgiftungsorgane – allen voran der Leber – kann somit die Darmgesundheit nachhaltig fördern. Sie trägt zur Stabilisierung des Mikrobioms, zur Verbesserung der Immunregulation und zur Reduktion stiller Entzündungsprozesse bei.

Schlaf – warum er so entscheidend für die Darmgesundheit ist

Schlaf gilt als eine der zentralen Säulen der Gesundheit – sowohl für den Körper als auch für das Verdauungssystem. Studien belegen, dass Schlafmangel oder unregelmäßiger Schlafrhythmus die Funktion des Darms negativ beeinflussen kann. Besonders das Mikrobiom, also die Gesamtheit der Mikroorganismen im Darm, reagiert empfindlich auf Schlafstörungen. Ein gestörter Tag-Nacht-Rhythmus kann die Vielfalt der Darmflora reduzieren, die Durchlässigkeit der Darmschleimhaut erhöhen und Entzündungsprozesse fördern.

Empfohlen werden im Schnitt sieben bis acht Stunden Schlaf pro Nacht, wobei nicht nur die Dauer, sondern auch die Qualität des Schlafs eine wichtige Rolle spielt. Auch regelmäßige bzw. gleichbleibende Einschlaf- und Aufstehzeiten fördern die innere Balance und unterstützen die Regeneration.

Ein bedeutender Störfaktor für gesunden Schlaf ist die Nutzung von Bildschirmen am Abend. Das von Smartphones, Tablets und Laptops ausgestrahlte blaue Licht hemmt die Ausschüttung von Melatonin – jenem Hormon, das den natürlichen Schlaf-Wach-Rhythmus steuert. Um den Schlaf zu verbessern, sollte der **Kontakt mit Bildschirmen idealerweise mindestens eine halbe Stunde vor**

dem Zubettgehen reduziert oder vermieden werden. Alternativ können Blaulichtfilter eingesetzt werden.

Darüber hinaus beeinflussen auch **andere Faktoren** die Schlafqualität, etwa schwere Mahlzeiten kurz vor dem Schlafengehen (ideal ist die letzte Mahlzeit 2-3 Stunden vorher einzunehmen), übermäßiger Koffein- oder Alkoholkonsum sowie psychischer Stress. Für eine erholsame Nacht empfiehlt sich eine ruhige, abgedunkelte Schlafumgebung, möglichst frei von elektronischen Geräten. Auch Entspannungsrituale wie Lesen, ein warmes Bad oder beruhigende Musik können die Einschlafbereitschaft fördern.

Nicht zuletzt steht Schlaf in engem Zusammenhang mit der hormonellen Regulation, der Verdauungsaktivität und der Immunfunktion – allesamt Prozesse, die eng mit der Darmgesundheit verbunden sind. Chronischer Schlafmangel kann zu einem erhöhten Stresslevel, einer veränderten Insulinantwort und einer gestörten Verdauung führen.

Ein stabiler Schlafrhythmus unterstützt somit nicht nur das allgemeine Wohlbefinden, sondern auch die Gesundheit des Darms auf funktioneller und mikrobieller Ebene.

Bewegung – Aktivität als tägliche Gesundheitsressource

Bewegung ist ein elementarer Bestandteil eines gesunden Lebensstils und spielt auch für die Darmgesundheit eine bedeutende Rolle. Regelmäßige körperliche Aktivität wirkt sich positiv auf das Mikrobiom aus, fördert die Durchblutung des Verdauungstrakts, reduziert systemische Entzündungen und unterstützt das Immunsystem. Gleichzeitig ist Bewegung ein natürlicher Stressregulator, verbessert die Schlafqualität und hilft, ein gesundes Körpergewicht zu halten – alles Faktoren, die wiederum die Darmgesundheit beeinflussen können.

Einfluss auf das Mikrobiom

Studien zeigen, dass sich körperliche Aktivität positiv auf die Vielfalt und Stabilität der Darmflora auswirken kann. Insbesondere moderate Ausdauerbelastung ist in der Lage, antientzündliche Bakterienstämme zu fördern und gleichzeitig pathogene Keime zu reduzieren. Gleichzeitig wird durch die Bewegung der Darmperistaltik angeregt, was zu einer verbesserten Verdauung und einem regelmäßigen Stuhlgang beitragen kann.

Internationale Richtlinien der WHO geben klare Empfehlungen für verschiedene Alters- und Lebensphasen:

- **Kinder unter 1 Jahr:** Mindestens 30 Minuten Bewegung pro Tag in Form von aktiver Spielzeit.
- **Kinder 1–5 Jahre:** Mindestens 180 Minuten körperliche Aktivität / aktive Spielzeit über den Tag verteilt.
- **Kinder und Jugendliche (5–17 Jahre):** Täglich mindestens 60 Minuten Bewegung mit einem Mix aus Ausdauer, Muskel- und Knochenstärkung.
- **Erwachsene (18–64 Jahre):** Mindestens 150 Minuten moderate oder 75 Minuten intensive körperliche Aktivität pro Woche – idealerweise verteilt über mehrere Tage. Zusätzlich werden muskelkräftigende Aktivitäten an zwei oder mehr Tagen pro Woche empfohlen.
- **Erwachsene ab 65 Jahren:** Gleiche Empfehlung wie bei Jüngeren, ergänzt durch Übungen zur Verbesserung von Gleichgewicht, Mobilität und Flexibilität.
- **Schwangere und Frauen im Wochenbett:** Mindestens 150 Minuten moderate Aktivität pro Woche, sofern keine

medizinischen Gründe dagegensprechen – z. B. Spaziergänge, Schwimmen oder Yoga.

Praktische Umsetzung

Bewegung muss nicht immer leistungsorientiert oder zeitintensiv sein. Schon kleine Veränderungen im Alltag können eine große Wirkung haben. Treppensteigen statt Aufzug, kurze Spaziergänge nach den Mahlzeiten, Gartenarbeit oder Tanzen im Wohnzimmer – all das zählt. Auch strukturierte Aktivitäten wie Yoga, Schwimmen, Radfahren oder leichtes Krafttraining lassen sich gut in den Wochenplan integrieren. Für Menschen mit Einschränkungen oder chronischen Erkrankungen bieten sich gezielte Bewegungsprogramme unter therapeutischer Begleitung an.

Besonders wirksam sind Kombinationen aus Ausdauertraining, muskulärer Aktivierung und achtsamer Bewegung – wie sie etwa beim Yoga oder Qi Gong zum Einsatz kommen. Diese fördern nicht nur den Körper, sondern unterstützen auch das Nervensystem und tragen zur Stressregulation bei.

Wer die eigene Verdauung stärken möchte, darf über den Tellerrand schauen: Ein bewusster Lebensstil ist der Schlüssel zu mehr Balance im Darm – Tag für Tag.

Fragen zur Selbstreflexion

Die folgenden Fragen helfen Ihnen, Ihr eigenes Verdauungssystem bewusster wahrzunehmen und mögliche Zusammenhänge zwischen Ernährung, Lebensstil und Verdauungsgesundheit zu erkennen. Nehmen Sie sich einen Moment Zeit, um darüber nachzudenken und gegebenenfalls Notizen zu machen.

1. Welche dieser Lebensstilbereiche schenke ich aktuell bereits bewusst Aufmerksamkeit?

2. In welchem Bereich wünsche ich mir mehr Balance oder Unterstützung?

3. Was könnte ein erster kleiner Schritt sein, um meinen Alltag darmfreundlicher zu gestalten?

9. SPEZIALTHEMEN ZUR DARMGE-SUNDHEIT

In diesem Kapitel widmen wir uns verschiedenen Themen, die zwar nicht direkt im Ursprung des E-Books behandelt wurden, aber dennoch entscheidend für ein umfassendes Verständnis der Darmgesundheit sind. Diese ergänzenden Informationen bieten vertiefende Einblicke und können Ihnen helfen, einen ganzheitlichen Ansatz für Ihre Darmgesundheit zu entwickeln. Jedes Thema beleuchtet einen spezifischen Aspekt, der in unterschiedlichen Lebensbereichen eine Rolle spielt. Lassen Sie sich von den verschiedenen Perspektiven inspirieren und erweitern Sie Ihr Wissen rund um den Darm.

Darm und Haut – Verbindung und Einfluss von Kosmetika

Unsere Haut und unser Darm sind nicht nur durch die äußeren Faktoren wie Ernährung und Umwelt miteinander verbunden, sondern auch durch die Wirkung von Chemikalien und Kosmetika, die wir täglich verwenden. Beide sind über das Mikrobiom und die Absorption von Substanzen miteinander verknüpft, was bedeutet, dass Produkte, die auf der Haut angewendet werden, ebenso den Darm beeinflussen können.

Chemikalien in Kosmetikprodukten und ihre Wirkung auf Haut und Darm

Die Haut ist die größte Oberfläche unseres Körpers und wirkt als Barriere gegen schädliche Umweltfaktoren. Sie kann jedoch auch Substanzen aufnehmen, die durch die Hautbarriere dringen und in den Blutkreislauf gelangen. Kosmetische Produkte, die häufig chemische Stoffe wie Parabene, Phthalate, Sulfate und künstliche Duftstoffe enthalten, können Entzündungen und Veränderungen im Mikrobiom der Haut und des Darms fördern. Diese Stoffe stören das natürliche Gleichgewicht der Hautflora und des Mikrobioms und können die Hautbarriere schädigen, was zu Hauterkrankungen wie Akne, Ekzemen oder anderen entzündlichen Prozessen führen kann.

Wie wirkt sich das auf den Darm aus?

Was viele nicht wissen: Der Darm reagiert direkt auf Veränderungen der Haut. Studien zeigen, dass die Haut das Mikrobiom im Darm beeinflussen kann und umgekehrt. Chemikalien aus Kosmetika, die in den Blutkreislauf gelangen, können den Darm und dessen Mikrobiom belasten. Ein gestörtes Mikrobiom im Darm kann zu einer Fehlregulation des Immunsystems führen und entzündliche Prozesse im gesamten Körper fördern, was sowohl die Haut als auch die Darmgesundheit beeinträchtigen kann.

Der NoPoo Ansatz – Hautpflege ohne chemische Kosmetika

Ein zentraler Ansatz, der zunehmend Beachtung findet, ist der sogenannte „NoPoo"-Ansatz. Dabei handelt es sich um die Praxis, auf herkömmliche Shampoos und Pflegeprodukte zu verzichten und stattdessen natürliche Alternativen zu nutzen. Dieser Ansatz basiert auf der Idee, dass chemische Shampoos und Seifen die natürliche Schutzbarriere der Haut und Kopfhaut angreifen und das Mikrobiom der Haut und Haare negativ beeinflussen.

Was ist NoPoo und wie wirkt es auf die Haut und den Darm?

„NoPoo" bedeutet, dass man auf Produkte verzichtet, die synthetische Chemikalien enthalten, wie z.B. Sulfate, die in vielen Shampoos enthalten sind und die Kopfhaut austrocknen können. Stattdessen werden natürliche Alternativen verwendet, um Haut und Haar zu reinigen, ohne das Mikrobiom und die Hautbarriere zu schädigen.

Vorteile des NoPoo Ansatzes für Haut und Darm:

1. **Weniger chemische Belastung:** Durch den Verzicht auf synthetische Chemikalien und Duftstoffe wird die Haut und das Mikrobiom nicht unnötig belastet.

2. **Förderung des natürlichen Mikrobioms:** Ein gesundes Mikrobiom auf der Haut

sowie im Darm kann durch den Einsatz von natürlichen Produkten unterstützt werden. Da das Mikrobiom von Haut und Darm miteinander interagiert, hat eine gesunde Haut auch positive Auswirkungen auf die Darmflora.

3. **Reduzierte Entzündungen:** Ohne die entzündungsfördernden Stoffe aus kosmetischen Produkten kann die Haut besser heilen und Entzündungsreaktionen werden reduziert – dies hat ebenfalls eine ausgleichende Wirkung auf den Darm.

Praktische Tipps zum Einstieg in den NoPoo Ansatz:

- **Umstieg auf Naturkosmetik**: Beginnen Sie mit der Umstellung auf Naturkosmetik und beobachten Sie, welche Veränderungen dies für Haut und Haare mit sich bringt. Dies ist ein guter erster Schritt, um synthetische Inhaltsstoffe zu reduzieren.
- **Reduzierung der Pflegeprodukte**: Weniger ist oft mehr – prüfen Sie, ob wirklich alle Haut- und Haarpflegeprodukte notwendig sind. Manchmal kann es helfen, die Anzahl der Produkte zu minimieren und nur das Nötigste zu verwenden.
- **Natürliche Alternativen zu Shampoo**: Es gibt verschiedene natürliche Alternativen zu herkömmlichem Shampoo, wie

beispielsweise Natron, Roggenmehl oder auch die Water-Only-Methode. Diese Alternativen können helfen, die chemische Belastung auf Haut und Haar zu reduzieren.

Zusammenhang zwischen Haut- und Darmgesundheit

Es ist wichtig zu verstehen, dass die Haut als „Spiegel" des Mikrobioms im Darm fungiert. Ein Ungleichgewicht im Darmmikrobiom kann sich oft in Form von Hautproblemen manifestieren, da das Immunsystem sowohl Haut als auch Darm betrifft. Ein gestörtes Mikrobiom im Darm fördert entzündliche Prozesse, die sich in Hauterkrankungen wie Ekzemen, Akne und Rosazea äußern können. Ebenso können Hautpflegeprodukte, die die Hautbarriere schädigen, die Absorption von schädlichen Chemikalien erhöhen und somit das Mikrobiom im Darm weiter belasten.

Ein ganzheitlicher Ansatz, der sowohl die Hautpflege als auch die Ernährung berücksichtigt, fördert eine gesunde Haut und einen ausgeglichenen Darm. Daher ist es ratsam, chemikalienfreie Produkte zu wählen und auf eine ausgewogene Ernährung zu achten, die das Mikrobiom im Darm unterstützt.

Nahrungsmittelunverträglichkeiten: Was steckt dahinter?

Nicht jedes Unwohlsein nach dem Essen ist eine echte Allergie. Viele Menschen reagieren auf bestimmte Lebensmittel – aber nicht alle Reaktionen beruhen auf demselben Mechanismus. Um besser zu verstehen, was im Körper geschieht, lohnt sich ein Blick auf die wichtigsten Begriffe:

- **Nahrungsmittelintoleranzen:** Hierbei handelt es sich um **nicht-immunologisch bedingte Reaktionen** auf bestimmte Bestandteile in Lebensmitteln. Der Körper kann bestimmte Substanzen – z. B. Laktose, Fruktose oder Histamin – nicht richtig abbauen. Häufige Ursachen sind Enzymdefekte, bei denen bestimmte Verdauungsenzyme nicht ausreichend vorhanden sind. Auch Reaktionen auf Zusatzstoffe oder bioaktive Lebensmittelchemikalien gehören in diesen Bereich. Typische Symptome sind z. B. Blähungen, Durchfall oder Kopfschmerzen – oft zeitlich verzögert.
- **Nahrungsmittelallergien:** Im Gegensatz dazu handelt es sich bei echten Allergien um eine **Reaktion des Immunsystems**. Vor allem die sogenannten IgE-vermittelten Allergien gelten als „klassische Lebensmittelallergien". Bereits kleinste Mengen können

hier zu akuten Beschwerden wie Hautausschlägen, Atemnot oder sogar einem anaphylaktischen Schock führen. Die häufigsten Allergene sind z. B. Milch, Eier, Nüsse, Fisch, Soja oder Weizen.

- **Sensitivitäten:** Der Begriff „Sensitivität" wird oft als Überbegriff verwendet – insbesondere bei Reaktionen, die weder eindeutig immunologisch noch eindeutig enzymatisch erklärbar sind. Dazu zählen z. B. Gluten-Sensitivität ohne Zöliakie oder reaktive Beschwerden auf bestimmte Lebensmittelbestandteile, ohne dass eine klare Allergie oder Intoleranz diagnostiziert wurde.

Achten Sie auf eine Ernährung reich an Antioxidantien, Vitaminen und Mineralstoffen zur Unterstützung der Regeneration nach dem Training. Vermeiden Sie stark verarbeitete Nahrungsergänzungsmittel und bevorzugen Sie natürliche Lebensmittel.

Die Rolle des Darms

Die Darmgesundheit spielt eine zentrale Rolle bei der Entstehung und Ausprägung solcher Reaktionen. Studien zeigen, dass:

- eine **veränderte Darmflora (Dysbiose)** mit der Entwicklung von Allergien und Sensitivitäten zusammenhängen kann,

- **Frühkindliche Ernährung, Kaiserschnittgeburten, häufige Antibiotikagaben** und **nährstoffarme Ernährung** das Risiko beeinflussen,

- eine **gestörte Darmbarriere** („Leaky Gut") dazu führen kann, dass unverdaute Bestandteile ins Immunsystem „durchsickern" und Reaktionen auslösen.

Die genaue Ursache ist oft schwer festzustellen – doch klar ist: **Ein gesunder, stabiler Darm kann die Toleranzgrenze gegenüber Lebensmitteln erhöhen**.

Wer den Verdacht auf Unverträglichkeiten hat, kann durch gezieltes Beobachten und Dokumentieren der Ernährung erste Hinweise sammeln. Eine ärztliche oder ernährungsmedizinische Abklärung ist dabei immer sinnvoll, um unnötige Einschränkungen zu vermeiden.

Darmgesundheit bei Kindern & Jugendlichen

Der Einfluss der kindlichen Entwicklung auf die Darmgesundheit und das Immunsystem wird heute intensiver denn je erforscht. Gerade in den frühen Lebensjahren wird der Grundstein für ein stabiles Mikrobiom gelegt – und damit für eine gesunde Immunfunktion, eine ausgewogene Verdauung sowie eine mögliche Resilienz gegenüber späteren Erkrankungen.

Die Rolle des Mikrobioms in der Kindheit

Bereits bei der Geburt beginnt die Besiedlung des Darms mit Mikroorganismen. Dabei spielen unter anderem die Art der Geburt (vaginal oder Kaiserschnitt), das Stillen, die Ernährung in den ersten Lebensjahren, der Umgang mit Umweltkeimen sowie der Einsatz von Medikamenten – insbesondere Antibiotika – eine wichtige Rolle. Diese frühen Einflüsse können das kindliche Mikrobiom langfristig prägen.

Ein vielfältiges und stabiles Mikrobiom in der Kindheit wird mit positiven Effekten auf die körperliche und mentale Entwicklung in Verbindung gebracht – von der Immunstärkung bis hin zu einem geringeren Risiko für Allergien, Autoimmunerkrankungen oder Übergewicht.

Die Hygiene-Hypothese

Die sogenannte *Hygiene-Hypothese* beschreibt den Zusammenhang zwischen einem „zu sauberen" Umfeld in der frühen Kindheit und einer möglicherweise höheren Anfälligkeit für chronische Erkrankungen wie Asthma, Allergien oder Autoimmunerkrankungen. Die Idee dahinter: Der kindliche Körper braucht den Kontakt zu Mikroben aus der natürlichen Umwelt, um das Immunsystem in Balance zu bringen.

Ein gewisses Maß an Schmutz, der Kontakt mit Erde, Tieren und Natur oder das Spielen mit anderen Kindern sind wertvolle Reize für die kindliche Entwicklung. Es geht nicht darum, Hygiene zu vernachlässigen – sondern darum, eine gesunde Balance zu finden. Ein übermäßig steriles Umfeld kann dem Körper wichtige Lernimpulse nehmen.

Ein entspannter Umgang mit dem Alltag

Auch wenn es verständlich ist, dass Eltern ihre Kinder vor Krankheiten schützen möchten, zeigt sich immer wieder: Ein natürlicher, gelassener Umgang mit Umweltreizen, Schmutz und alltäglichen Keimen kann die Darmgesundheit und die Entwicklung des Immunsystems positiv beeinflussen.

Dazu gehören auch:

- Eine vielfältige, altersgerechte Ernährung

- Der bewusste Einsatz von Medikamenten und Antibiotika nur wenn notwendig

- Bewegung, Spiel und Kontakt mit der natürlichen Umgebung

- Vertrauen in die Fähigkeit des kindlichen Körpers, sich zu entwickeln und zu lernen

Kinder dürfen draußen spielen, sich schmutzig machen und dabei auch mal etwas Erde in den Mund bekommen – all das gehört zum Großwerden dazu. Solche Erfahrungen können, in einem sicheren Rahmen, dazu beitragen, dass das Immunsystem

„trainiert" und die Darmflora auf natürliche Weise gestärkt wird.

Natürlich ist jedes Kind anders – und jede Familie muss ihren eigenen Weg finden. Doch ein wenig mehr Vertrauen in die natürlichen Prozesse kann manchmal mehr bewirken als übermäßige Vorsicht.

Fasten und seine Wirkung auf die Darmgesundheit

Fasten ist nicht nur eine Methode zur Gewichtsregulation, sondern kann tiefgreifende Auswirkungen auf die Darmgesundheit und das Immunsystem haben. Studien zeigen, dass regelmäßige Fastenperioden – insbesondere intermittierendes Fasten – den Verdauungstrakt entlasten, die Regeneration des Mikrobioms fördern und entzündliche Prozesse im Körper reduzieren können.

Während der Fastenphasen erhält der Verdauungstrakt eine verlängerte Ruhezeit. Diese Ruhephase aktiviert körpereigene Selbstreparaturprozesse, darunter die sogenannte Autophagie – ein Mechanismus, bei dem geschädigte Zellen und unerwünschte Zellbestandteile abgebaut und recycelt werden. Gleichzeitig können sich durch Fasten positive Verschiebungen in der Zusammensetzung des Mikrobioms ergeben: Forschungen zeigen, dass probiotische Bakterienarten davon profitieren können,

während entzündungsfördernde Keime zurückge-
drängt werden.

Zudem regt Fasten die Produktion wichtiger darm-
assoziierter Hormone an, die eine Rolle in der Ap-
petitregulation, der Immunabwehr und der Reduktion von Entzündungen spielen. Auch die Funktion
der Mitochondrien – der „Energiekraftwerke" unserer Zellen – scheint sich durch regelmäßige Fasten-
zeiten zu verbessern. Dies unterstützt nicht nur die
allgemeine Zellgesundheit, sondern stärkt auch die
Darmbarriere, also die Schutzschicht zwischen
Darmlumen und Immunsystem.

Ein weiterer zentraler Aspekt ist das sogenannte
Chrononutrition-Prinzip – also die zeitlich abge-
stimmte Nahrungsaufnahme in Einklang mit dem
zirkadianen Rhythmus. Studien belegen, dass ein
klar definiertes Essenszeitfenster – zum Beispiel ein
Zeitraum von 8–10 Stunden pro Tag mit anschlie-
ßender nächtlicher Fastenzeit – die Funktion der inneren Uhr stabilisiert, den Schlaf verbessert und
sich günstig auf das Mikrobiom auswirkt. Besonders das Vermeiden später Mahlzeiten kann hier
eine wichtige Rolle spielen.

Wichtig ist jedoch: Fasten sollte individuell betrachtet und idealerweise professionell begleitet werden
– insbesondere bei Vorerkrankungen oder hormonellen Dysbalancen.

Medikamente und ihre Auswirkungen auf die Darmgesundheit

Medikamente können in vielen Situationen lebensnotwendig und heilsam sein – gleichzeitig haben sie oft auch unbeabsichtigte Nebenwirkungen auf die Darmgesundheit. Besonders bei längerfristiger oder wiederholter Einnahme können sie die Balance des Mikrobioms beeinträchtigen, Entzündungen fördern oder die Darmschleimhaut schwächen.

Antibiotika zählen zu den bekanntesten Beispielen: Sie bekämpfen nicht nur krankmachende Bakterien, sondern zerstören auch nützliche Darmbakterien. Bereits eine einzige Antibiotikatherapie verändert das Mikrobiom nachhaltig – teils über Monate hinweg. Die Artenvielfalt nimmt ab, pathogene Keime können sich leichter ausbreiten, was das Risiko für Verdauungsprobleme, Pilzinfektionen oder auch chronische Erkrankungen erhöhen kann.

Auch andere Medikamentengruppen stehen im Verdacht, die Darmgesundheit zu beeinflussen:

- **Protonenpumpenhemmer (PPI)**, die bei Sodbrennen oder Magengeschwüren eingesetzt werden, verändern die Magensäureproduktion. Das kann nicht nur die Verdauung beeinträchtigen, sondern auch dazu führen, dass krankmachende Keime leichter den Darm erreichen.

- **Nichtsteroidale Antirheumatika (NSAR)** wie Ibuprofen oder Diclofenac können bei häufiger Einnahme die Darmschleimhaut schädigen, Mikrorisse verursachen und stille Entzündungen fördern.

- **Kortikosteroide** und **Immunsuppressiva** können – oft unverzichtbar in bestimmten medizinischen Situationen – langfristig die Immunabwehr des Darms schwächen.

Besonders bei Kindern, älteren Menschen oder Personen mit ohnehin instabiler Darmflora sind diese Nebenwirkungen relevant. Deshalb ist es sinnvoll, bei jeder notwendigen medikamentösen Therapie auch präventive Maßnahmen zu bedenken: etwa den gezielten Einsatz von Probiotika, eine entzündungshemmende Ernährung oder die bewusste Förderung der Darmbarriere durch Ballaststoffe, Bitterstoffe und fermentierte Lebensmittel.

Wichtig ist: Es geht nicht darum, Medikamente zu vermeiden, wenn sie notwendig sind – sondern darum, ihre Auswirkungen zu kennen und gezielt gegenzusteuern. Ein bewusster Umgang kann helfen, das Gleichgewicht im Darm zu schützen und die Gesundheit ganzheitlich zu erhalten.

Anti-Nährstoffe – Was steckt dahinter?

In der Diskussion rund um gesunde Ernährung taucht der Begriff „Anti-Nährstoffe" immer wieder auf. Gemeint sind bestimmte pflanzliche Verbindungen, die in der Lage sind, die Aufnahme oder Verwertung von Nährstoffen im Körper zu beeinträchtigen. Sie kommen vor allem in Hülsenfrüchten, Getreiden, Nüssen und Samen vor – also genau in den Lebensmitteln, die sonst für ihre gesundheitlichen Vorteile bekannt sind.

Trotz ihrer etwas negativ klingenden Bezeichnung sind Anti-Nährstoffe nicht grundsätzlich problematisch. In geringen Mengen können einige von ihnen sogar gesundheitliche Vorteile bieten, z. B. antioxidative oder entzündungshemmende Eigenschaften.

Wie kann man Anti-Nährstoffe reduzieren?

Durch gezielte Zubereitungsmethoden lässt sich der Gehalt an Anti-Nährstoffen deutlich senken:

- **Einweichen** (z. B. von Hülsenfrüchten und Nüssen)
- **Keimen / Sprossen ziehen**
- **Fermentieren** (z. B. durch Sauerteig bei Brot)
- **Kochen / Erhitzen**

Es ist wichtig zu wissen, dass diese Methoden Anti-Nährstoffe nicht vollständig entfernen, aber deutlich reduzieren. Gleichzeitig bleiben viele ihrer positiven Effekte erhalten – wie etwa antioxidative Wirkungen oder eine Unterstützung bei der Blutzuckerregulation und Cholesterinsenkung.

Anti-Nährstoffe sind nicht grundsätzlich schlecht. Wer auf eine abwechslungsreiche Ernährung und die richtige Zubereitung achtet, muss sich keine Sorgen machen. Für Menschen mit Nährstoffmangel, sensibler Verdauung oder chronischen Erkrankungen kann es sinnvoll sein, bei bestimmten Lebensmitteln etwas genauer hinzusehen. Eine bewusste Auswahl und gute Vorbereitung sind dabei der Schlüssel.

Wichtige Anti-Nährstoffe im Überblick

Anti-Nährstoff	Vorkommen (Beispiele)	Wirkung	Reduktion durch
Phytinsäure	Vollkorngetreide, Hülsenfrüchte, Nüsse, Samen	Bindet Mineralstoffe wie Eisen, Zink, Kalzium und Magnesium, hemmt deren	Einweichen, Keimen, Fermentieren, Kochen

Anti-Nährstoff	Vorkommen (Beispiele)	Wirkung	Reduktion durch
		Aufnahme im Darm	
Lektine	Rohe Hülsenfrüchte (z. B. Kidneybohnen), Getreide, Tomaten, Paprika	Können die Darmschleimhaut reizen, Nährstoffaufnahme stören, in großen Mengen entzündungsfördernd	Gründliches Kochen, Einweichen, Fermentieren
Protease-Inhibitoren	Hülsenfrüchte, Sojabohnen, Getreide	Hemmen Verdauungsenzyme für Eiweiß, erschweren die Eiweißverdauung	Kochen, Fermentieren
Oxalate	Spinat, Rhabarber, Mangold, Kakao	Binden Kalzium, können Nierensteinbildung fördern	Kochen, Dämpfen, Kombination mit kalziumreichen

Anti-Nährstoff	Vorkommen (Beispiele)	Wirkung	Reduktion durch
			Lebensmitteln
Tannine	Tee, Kaffee, Rotwein, dunkle Beeren, Schokolade	Hemmen Eisenaufnahme – gleichzeitig antioxidativ, entzündungshemmend, potenziell krebsschützend	In moderaten Mengen unproblematisch

Darmgesundheit im Leistungssport

Der Zusammenhang zwischen Sport, Ernährung und Darmgesundheit ist ein wachsendes Forschungsfeld. Obwohl bisher nur begrenzte Erkenntnisse über spezifische Darmmikroben vorliegen, die gezielt die sportliche Leistungsfähigkeit verbessern könnten, zeigen erste Studien, dass ein gesunder Darm ein wichtiger Baustein für Regeneration, Energiehaushalt und allgemeines Wohlbefinden im Training ist.

Besonders im Ausdauersport wird über gastrointestinale Beschwerden wie Blähungen, Krämpfe, Durchfall oder Völlegefühl berichtet. Diese Symptome können sowohl durch die Art der verzehrten Lebensmittel als auch durch den Zustand des Darms selbst ausgelöst werden. Ein unausgeglichener Darm, beispielsweise durch eine gestörte Darmbarriere oder Dysbiosen, kann die Nährstoffaufnahme und Verdauung beeinträchtigen und sich negativ auf Trainings- und Wettkampfleistung auswirken.

Einige Studien legen nahe, dass gezieltes „Training des Darms" – etwa durch schrittweises Heranführen an bestimmte Nahrungsmittel während der Belastung – hilfreich sein kann, um die Verträglichkeit im Sport zu verbessern. Darüber hinaus spielt die Zusammensetzung der Ernährung eine entscheidende Rolle: Eine abwechslungsreiche, ballaststoffreiche Ernährung, die reich an präbiotischen Lebensmitteln ist, kann die Vielfalt der Darmmikrobiota fördern. Gleichzeitig ist eine ausreichende Flüssigkeitszufuhr entscheidend, um den Darm unter Belastung zu entlasten.

Besonderes Augenmerk sollte auch auf die Ernährung vor dem Training gelegt werden. Je nach Empfindlichkeit kann ein Training auf nüchternen Magen sinnvoll sein – oder aber kontraproduktiv, wenn es zu starker Erschöpfung oder Verdauungsproblemen führt. Hier ist es wichtig, individuelle

Erfahrungen zu berücksichtigen und ein achtsames Körpergefühl zu entwickeln.

Hinweis: Dieser Bereich ist hochindividuell. Wer regelmäßig unter Magen-Darm-Beschwerden im Zusammenhang mit Sport leidet, sollte eine professionelle Ernährungsberatung oder sportmedizinische Begleitung in Betracht ziehen, um individuelle Ursachen zu klären und gezielte Maßnahmen umzusetzen.

Dieses Kapitel verdeutlicht, wie facettenreich und komplex das Thema **Darmgesundheit** ist. Vom Einfluss der Ernährung über Fasten bis hin zu Medikamenten und NoPoo gibt es viele Wege, wie der Darm auf den gesamten Körper wirkt. Eine gesunde Ernährung, ausreichend Bewegung, der bewusste Umgang mit Medikamenten und ein achtsamer Lebensstil tragen maßgeblich dazu bei, die Darmgesundheit zu fördern und Beschwerden zu lindern.

Fragen zur Selbstreflexion

Die folgenden Fragen helfen Ihnen, Ihr eigenes Verdauungssystem bewusster wahrzunehmen und mögliche Zusammenhänge zwischen Ernährung, Lebensstil und Verdauungsgesundheit zu erkennen. Nehmen Sie sich einen Moment Zeit, um darüber nachzudenken und gegebenenfalls Notizen zu machen.

1. Welche Maßnahmen aus den Bereichen Fasten, Sport und Ernährung könnte ich in meinen Alltag integrieren, um meine Darmgesundheit nachhaltig zu unterstützen?
2. Inwiefern könnte eine bewusste Ernährung in Verbindung mit Fasten und Sport meine Hautgesundheit verbessern und das Mikrobiom positiv beeinflussen?
3. Wie gehe ich mit dem Thema Medikamenteneinnahme um, insbesondere Antibiotika, und was kann ich tun, um die Auswirkungen auf mein Mikrobiom zu minimieren?

10. IHRE GESUNDHEIT IN DER EIGE-NEN HAND

Sie haben nun eine tiefgehende Reise durch das faszinierende System Ihres Darms unternommen – von der Anatomie und Funktion über das Mikrobiom, den Einfluss der Ernährung bis hin zu ganzheitlichen Lebensstilstrategien. Vielleicht haben Sie bereits an der einen oder anderen Stelle innegehalten, Ihre Gewohnheiten reflektiert und begonnen, erste kleine Veränderungen umzusetzen.

Genau hier beginnt echte Transformation: nicht im Perfektionismus, sondern im Bewusstsein. Die Darmgesundheit ist nicht das Ergebnis einer einzelnen Maßnahme – sie ist ein Zusammenspiel vieler kleiner, konsequenter Entscheidungen.

In diesem Buch haben Sie erfahren:

- wie eng der Darm mit Ihrem Nervensystem, Ihrem Immunsystem und Ihrem allgemeinen Wohlbefinden verknüpft ist,

- wie stark Ihre Ernährung, Ihr Stresslevel und Ihre Lebensweise die Gesundheit Ihres Darms beeinflussen können,

- und wie Sie durch bewusstes Handeln Ihre Verdauung, Energie und Lebensqualität nachhaltig verbessern können.

Dieses Wissen ist ein Geschenk, doch es wird erst kraftvoll, wenn Sie es in Ihr Leben integrieren. Es braucht keine radikale Umstellung über Nacht. Es braucht Neugier, Offenheit und die Bereitschaft, dranzubleiben. Beginnen Sie mit dem, was sich für Sie stimmig anfühlt. Kleine Schritte in Richtung Balance und Selbstfürsorge sind oft die wirksamsten.

> **Verwandlung beginnt im Inneren – und der Darm ist ein machtvoller Schlüssel dazu.**

Wie geht es nun weiter? Nutzen Sie dieses Handbuch als stetigen Begleiter, auf den Sie jederzeit zurückgreifen können. Die Veränderungen, die Sie anstreben, brauchen Zeit und stetige Aufmerksamkeit – aber sie sind möglich. Und falls Sie das Gefühl haben, dass Sie auf diesem Weg zusätzliche Unterstützung wünschen, stehe ich Ihnen gerne in einem 1:1 Coaching zur Seite. Denn: Wissen ist der Anfang. Umsetzung ist die Veränderung.

ANHANG

Darmfreundliche Rezepte für den Alltag

Um das Gelernte direkt umzusetzen, folgen nun einige einfache und nährstoffreiche Rezeptideen für ein gesundes Mikrobiom. Diese Rezepte enthalten gezielt präbiotische und probiotische Zutaten und lassen sich leicht in den Alltag integrieren.

Getränke

➢ **Zitronenwasser** (für den Start in den Tag)

Zutaten: 1 Bio-Zitrone, 500ml lauwarmes Wasser

Zubereitung:

- Zitrone auspressen und in ein großes Glas geben.
- Zitronensaft mit 500 ml Wasser vermischen.

➢ **Matcha Latte**

Zutaten: 1 TL Matcha, 250 ml heißes Wasser (ca. 80 Grad), 60 ml Hafermilch (o.ä.)

Zubereitung:

- Matcha-Pulver in eine Schale oder einen Becher geben. Das Pulver muss fein gesiebt sein, um Klümpchen zu vermeiden.
- Wasser auf etwa 80°C (nicht kochend) erhitzen. Anschließens ca. 30 ml des heißen Wassers über das Matcha-Pulver gießen.
- Matcha-Pulver im Wasser schnell mit Rührbesen verquirlen, in einer "W"-Bewegung schlagen, bis sich das Pulver vollständig aufgelöst hat und eine leichte Schaumkrone entsteht.
- Restliches Wasser (220 ml) in die Schale oder den Becher gießen und erneut umrühren.
- Milch aufschäumen bis sie schön cremig ist.
- Aufgeschäumte Hafermilch vorsichtig über den Matcha-Tee gießen.

Tagsüber (früh / mittags)

➢ **Carrot Cake Overnight Oats**

Zutaten: 100 g Haferflocken, 20 g Leinsamen, 20 g Mandelprotein, 2 kleine Karotten (gerieben), 1 Apfel, (gerieben), 4 Datteln (entkernt), 1 Prise Salz, 1 TL Zimt, 500 ml pflanzliche Milch oder Wasser

Toppings: Joghurt (nach Wahl, z.B. pflanzlicher Joghurt), Eine Prise Zimt

Zubereitung:

- Haferflocken, Leinsamen und das Mandelprotein in eine große Schüssel oder ein Einmachglas geben und gut vermischen.
- Karotten und den Apfel fein reiben, anschließend unter die Haferflocken-Mischung geben.
- Datteln in kleine Stücke hacken, mit Salz und Zimt der Mischung zugeben.
- Nach Wunsch mit pflanzlicher Milch oder Wasser aufgießen. Gut umrühren, sodass alle Zutaten gut durchfeuchtet sind.
- Schüssel oder das Glas abdecken, Mischung über Nacht (oder mindestens 4 Stunden) in den Kühlschrank stellen, damit die Haferflocken und Leinsamen die Flüssigkeit aufsaugen und weich werden.
- Am nächsten Morgen oder vor dem Servieren die Overnight Oats aus dem Kühlschrank nehmen und mit Joghurt und Nüssen garnieren.

➤ Beetroot Bowl

Zutaten:
Patties: 240g rote Beete, 60g Hafermehl, 60g Kürbiskerne, 1 Dose Kidneybohnen (abgetropft), 1 rote Zwiebel, 1 TL Tomatenmark, 1 TL Sojasoße, Kräutermischung, Salz, Pfeffer

Bowl: Salat, Gurke, Tomate, Koriander, Zitrone, Süßkartoffeln

Topping: 1 EL Joghurt

Zubereitung:

- Zuerst die Rote Beete schälen und grob reiben. Danach die Zwiebel fein hacken.
- Rote Beete und Zwiebeln zusammen mit in eine Küchenmaschine oder einen Mixer geben, restliche Zutaten hinzugeben. Vermengen bis eine homogene Masse entsteht.
- Aus der Masse 6-8 Patties formen und auf das Backblech legen.
- Süßkartoffeln schälen und in kleine Würfel schneiden. Ebenfalls auf ein Backblech legen.
- Patties und Süßkartoffeln für ca. 20-30 Minuten bei 180°C im Ofen backen.

- In der Zwischenzeit alle restlichen Zutaten für Bowl schneiden.
- Zutaten in einer Bowl anrichten und mit frischem Joghurt toppen, nach Belieben mit Apfelessig und Olivenöl verfeinern.

➤ **DIY Power Bowl**

Zutaten: Basis: Haferflocken, Quinoa, Dinkel, Hirse, Amaranth, Buchweizen

Gesunde Fette: Nüsse, Samen, Kokosraspeln, Avocado

Proteine: Joghurt, Quark, Hüttenkäse, Eier, Kichererbsen

Superfoods: Goji-Beeren, Datteln, Feigen, Beeren, Kakaonibs

Zubereitung:

- Zuerst eine Basis aus Haferflocken, Quinoa, Amaranth oder einer anderen bevorzugten Zutat wählen.
- Dazu gesunde Fette wie Avocado oder Nüsse sowie eine Proteinquelle nach Wahl ergänzen.
- Für zusätzlichen Geschmack und Nährstoffe sorgen Samen, Kokosraspeln oder Superfoods.

- Die Kombination lässt sich individuell anpassen – je nach Geschmack, Hunger und Ernährungsbedürfnissen. Ob mit Joghurt, frischen Früchten oder weiteren Toppings – einfach mischen, formen und genießen!

Abends

➢ **Light Chicken Soup**

Zutaten: 2 kleine Hähnchenfilets, 1 Bund Suppengemüse (Karotten, Sellerieknolle, Lauch), 1 Liter Gemüsebrühe. oder Knochenbrühe, 80g Reisnudeln oder Konjaknudeln, Petersilie, Frühlingszwiebeln

Zubereitung:

- Ofen auf 180°C, Umluft vorheizen.
- Hähnchenfilets unter Wasser abwaschen und in eine ofenfeste Form legen.
- Filets für ca. 25-30 Minuten im Ofen backen.
- In der Zwischenzeit das Suppengemüse in kleine Würfel schneiden. Gern Lieblingsgemüse nach Wahl hinzufügen.
- Gemüse mit der Brühe in einen großen Topf geben und für ca. 20 Minuten köcheln lassen.

- In der Zwischenzeit die Reisnudeln nach Anleitung kochen.
- Petersilie kleinhacken und Frühlingszwiebeln in kleine Ringe schneiden.
- Wenn alles fertig ist, Nudeln in eine Schüssel geben und mit Suppe bedecken.
- Filets in kleine Streifen schneiden und der Suppe hinzugeben.
- Zum Schluss Suppe mit Frühlingszwiebeln und Petersilie garnieren.

Snacks / Desserts / Süßes

> ### Joghurt Bites

Zutaten: 250g Natur-Joghurt, 200g Heidelbeeren, 200g dunkle Schokolade (min. 70%)

Zubereitung:

- Heidelbeeren in eine Schüssel geben und Joghurt hinzugeben. Vorsichtig mischen, bis die Heidelbeeren gleichmäßig mit Joghurt überzogen sind.
- Eine kleine Backform mit Backpapier auslegen. Mit einem Löffel die joghurtüberzogenen Heidelbeeren entnehmen und ca. 8-10 kleine Häufchen auf dem Backblech formen. Blech für ca. 60 Minuten in den Gefrierschrank stellen.

- Schokolade in eine kleine Schüssel geben und in der Mikrowelle für 1 Minute bei 600 Watt erhitzen, zwischendurch umrühren, bis die Schokolade vollständig geschmolzen ist. Alternativ die Schokolade im Wasserbad geschmolzen werden.
- Blech mit den gefrorenen Heidelbeerhaufen aus dem Gefrierschrank holen. Jedes Häufchen in die geschmolzene Schokolade tauchen, bis sie komplett bedeckt sind.
- Fertige Heidelbeer-Joghurt-Bites in einen luftdichten Behälter legen und im Gefrierschrank aufbewahren.

Tipp: Die Bites vor dem Verzehr ca. 10 Minuten antauen lassen.

➢ **Protein Pralinen**

Zutaten: Trockene Zutaten: 60g Hafermehl, 30g Erdmandelmehl, 10g Kokosraspeln, 40g Mandelmehl (entölt)

Feuchte Zutaten: 60g Apfelmark, 10g Honig, Kokosraspeln zum Wälzen

Zubereitung:

- Alle trockenen Zutaten in eine große Schüssel geben.
- Alle feuchten Zutaten hinzufügen. Die Masse mit den Händen kneten, bis alles gut vermischt ist.
- Daraus ca. 10-12 kleine Bällchen formen und anschließend in Kokosraspeln rollen.

Tipp: Alle Bällchen können ca. 1 Woche im Kühlschrank aufbewahrt werden.

➢ **Joghurt Panna Cotta**

Zutaten: 250g Naturjoghurt, 200ml Wasser, 9g Gelatine, Vanille, 10g Honig, 80 Heidelbeeren, Nüsse (z. B. Pistazien) zur Dekoration

Zubereitung:

- 100 ml Wasser erhitzen und darin Gelatine auflösen.
- Joghurt mit den restlichen 100 ml Wasser verrühren, Vanille und Honig hinzugeben.
- Nun alles in einem Mixer geben, bis sich eine homogene Masse gebildet hat.
- Masse in ein hitzebeständiges Gefäß umfüllen und für mindestens 3 Stunden in den Kühlschrank stellen.

- Heidelbeeren zu einem Mus pürieren und Nüsse kleinhacken.
- Anschließend pürierten Heidelbeeren über das Panna Cotta geben und mit Nüssen dekorieren.

➢ Cookies

Zutaten: 3 EL Honig, 3 EL Olivenöl, 2 EL Leinsamen (gemahlen), 4 EL Wasser, 200g Mandeln (gemahlen), 50g Peca-Nüsse, 80 g dunkle Schokolade (hochprozentig, gehäckselt), 1 Prise Salz

Zubereitung:

- Ofen auf 180° Celsius vorheizen
- In einer Schüssel Leinsamen und Wasser vermischen
- Anschließend Honig und Öl dazugeben und verrühren
- Mandeln hinzufügen und gut durchkneten
- Danach Salz, Schokolade, Nüsse unterrühren
- Ca. 12 Bälle formen und flachdrücken, anschließend 10 Minuten backen

➢ Bananen Brownies

Zutaten: 400g Bananen, 8 EL crunchy Mandelmus, 4 EL Kakaopulver, 4 EL Haferflocken

Zubereitung:

- Ofen auf 180° Celsius vorheizen
- Bananen in einer Schüssel zerdrücken
- Mandelmus und Kakaopulver dazugeben und alles gut verrühren
- Auf einem Backbleck oder einer Auflaufform verteilen.
- 17-20 Minuten backen

LITERATURVERZEICHNIS

Aparicio, S. (2020). 6 healthy ways to help your clients cope with stress & anxiety. American Fitness Professionals and Associates. https://www.afpafitness.com/blog/6-healthy-ways-to-help-your-clients-cope-with-stress-anxiety

Barton W, Penney NC, Cronin O, Garcia-Perez I, Molloy MG, Holmes E, et al. (2018). The microbiome of professional athletes differs from that of more sedentary subjects in composition and particularly at the functional metabolic level. 67(4):625-33.

Bass, N. M., Mullen, K. D., Sanyal, A., Poordad, F., Neff, G., Leevy, C. B., Sigal, S., Sheikh, M. Y., Beavers, K., Frederick, T., Teperman, L., Hillebrand, D., Huang, S., Merchant, K., Shaw, A., Bortey, E., & Forbes, W. P. (2010). Rifaximin treatment in hepatic encephalopathy. New England Journal of Medicine. 362(12), 1071-81. https://doi.org/10.1056/nejmoa0907893

Belkaid, Y., & Hand, T. W. (2014). Role of the microbiota in immunity and inflammation. Cell, 157(1), 121–141.

Bermudez-Brito, M. et al. (2012). Probiotic mechanisms of action. Annals of Nutrition and Metabolism 61.2 ;160-174.

Bindels LB, Delzenne NM, Cani PD and Walter J. (2015). Towards a more comprehensive concept for prebiotics. Nature reviews. Gastroenterology & hepatology 12 (5), S. 303–310. DOI: 10.1038/nrgastro.2015.47.

Caminero, A., Meisel, M., Jabri, B., & Verdu, E. F. (2019). Mechanisms by which gut microorganisms influence food sensitivities. Nature Reviews Gastroenterology & Hepatology, 16(1), 7–18. https://doi.org/10.1038/s41575-018-0064-z

Cani, P. D., Amar, J., Iglesias, M. A., Poggi, M., Knauf, C., Bastelica, D., Neyrinck, A. M., Fava, F., Tuohy, K. M., Chabo, C., Waget, A., Delmée, E., Cousin, B., Sulpice, T., Chamontin, B., Ferrières, J., Tanti, J. F., Gibson, G. R., Casteilla, L., Burcelin, R. (2007). Metabolic endotoxemia initiates obesity and insulin resistance. Diabetes, 56(7), 1761–1772. https://doi.org/10.2337/db06-1491

Carmody RN, Bisanz JE, Bowen BP et a. (2019). Cooking shapes the structure and function of the gut microbiome. Nature microbiology 4 (12), S. 2052–2063. DOI: 10.1038/s41564-019-0569-4.

Chattu VK, Manzar MD, Kumary S, Burman D, Spence DW, Pandi-Perumal SR. (2018). The Global Problem of Insufficient Sleep and Its Serious Public Health Implications. Healthcare (Basel). 20;7(1):1. doi: 10.3390/healthcare7010001. PMID: 30577441; PMCID: PMC6473877.

Cignarella, F., Cantoni, C., Ghezzi, L., Salter, A., Dorsett, Y., Chen, L., ... & Piccio, L. (2018). Intermittent fasting confers protection in CNS autoimmunity by altering the gut microbiota. Cell metabolism, 27(6), 1222-1235.

Cohen, R. A. (2011). Yerkes–Dodson Law. Encyclopedia of Clinical Neuropsychology, 2737–2738. https://doi.org/10.1007/978-0-387-79948-3_1340

Conlon, M. A., and Bird, A. R. (2014). The impact of diet and lifestyle on gut microbiota and human health. Nutrients 7.1; 17-44.

Cleveland Clinic. (n.d.). Inflammatory bowel disease: Symptoms, treatments & diagnosis. https://my.clevelandclinic.org/health/diseases/15587-inflammatory-bowel-disease-overview

Cryan, J. F., and Dinan, T. G. (2012). Mind-altering microorganisms: the impact of the gut microbiota on brain and behaviour. Nature reviews neuroscience 13.10; 701-712.

David LA., Maurice CF, Carmody RN, Gootenberg DB et al. (2014). Diet rapidly and reproducibly alters the human gut microbiome. Nature 505 (7484), S. 559–563. DOI: 10.1038/nature12820.

de Angelis M., Ferrocino I., Calabrese FM et al. (2020). Diet influences the functions of the human intestinal microbiome. Scientific reports 10 (1), S. 4247. DOI: 10.1038/s41598-020-61192-y.

De Filippo, C., Cavalieri, D., Di Paola, M., Ramazzotti, M., Poullet, J. B., Massart, S., Collini, S., Pieraccini, G., & Lionetti, P. (2010). Impact of diet in shaping gut microbiota revealed by a comparative study in children from Europe and rural Africa. Proceedings from the National Academy of Science, 107(33): 14691-96. https://doi.org/10.1073/pnas.1005963107

Derrien, M., & Veiga, P. (2017). Rethinking diet to aid human–microbe symbiosis. Trends in Microbiology, 25(2), 100-112. https://doi.org/10.1016/j.tim.2016.09.011

de Toledo, F. W., Grundler, F., Bergouignan, A., Drinda, S., & Michalsen, A. (2019). Safety, health improvement and well-being during a 4 to 21-day fasting period in an observational study including 1422 subjects. PloS one, 14(1), e0209353.

Eisenstein M. (2020). The hunt for a healthy microbiome. Nature 577 (7792), S6-S8. DOI: 10.1038/d41586-020-00193-3.

Estaki M, Pither J, Baumeister P, Little JP, Gill SK, Ghosh S, et al. (2016). Cardiorespiratory fitness as a predictor of intestinal microbial diversity and distinct metagenomic functions. Microbiome. 4(1):42.

Flikkema J. (2022). The Relationship Between the Gut Microbiome and Sleep Examined Through Associated Human Disease. University Honors Theses.

Foster, J. A., Rinaman, L. and Cryan, J. F. (2017). Stress & the gut-brain axis: regulation by the microbiome. Neurobiology of stress 7; 124-136.

Frie, T. (2021). Health coach resource: How to reduce exposure to 10 common environmental toxins. American Fitness Professionals and Associates. https://www.afpafitness.com/blog/health-coach-resource-how-to-reduce-exposure-to-10-common-environmental-toxins

Frie, T. (2020). 2 minutes to de-stress. American Fitness Professionals and Associates. https://www.afpafitness.com/blog/2-minutes-to-de-stress

Garn, H. and Renz, H. (2007). "Epidemiological and immunological evidence for the hygiene hypothesis." Immunobiology 212.6; 441-452.

Gibson, G. R. et al. (2017). Expert consensus document: The International Scientific Association for Probiotics and Prebiotics (ISAPP) consensus statement on the definition and scope of prebiotics. Nat. Rev. Gastroenterol. Amp Hepatol. 14, 491. Honors Theses. (2022).

Gill, P. A., Inniss, S., Kumagai, T., Rahman, F. Z., & Smith, A. M. (2022). The role of diet and gut microbiota in regulating gastrointestinal and inflammatory disease. Frontiers in Immunology,
13. https://doi.org/10.3389/fimmu.2022.86 6059

Goldstein EJC, Tyrrell KL and Citron DM: Lactobacillus species. Taxonomic complexity and controversial susceptibilities (2015). Clinical infectious diseases: an official publication of the Infectious Diseases Society of America 60 Suppl 2, S98-107. DOI: 10.1093/cid/civ072.

Holscher, H. D. (2017). Dietary fiber and prebiotics and the gastrointestinal microbiota. Gut microbes 8.2; 172-184.

Hutkins RW, Krumbeck JA, Bindels LB, Cani PD et al.: Prebiotics. Why definitions matter (2016).

Current opinion in biotechnology 37, S. 1–7. DOI: 10.1016/j.copbio.2015.09.001.

Jackson, M. A., Goodrich, J. K., Maxan, M. E., Freedberg, D. E., Abrams, J. A., Poole, A. C., ... & Steves, C. J. (2016). Proton pump inhibitors alter the composition of the gut microbiota. Gut, 65(5), 749-756.

Jeukendrup, A. E. (2017). Training the Gut for Athletes. Sports Medicine, 47(S1), 101–110. https://doi.org/10.1007/s40279-017-0690-6

Khanijow, Vikesh, et al. (2015) Sleep dysfunction and gastrointestinal diseases. Gastroenterology & hepatology 11.12; 817.

Kellman, R. (2014). Microbiome Diet: The Scientifically Proven Way to Restore Your Gut Health and Achieve Permanent Weight Loss. USA: Hachette Books.

Langdon, A., Crook, N., & Dantas, G. (2016). The effects of antibiotics on the microbiome throughout development and alternative approaches for therapeutic modulation. Genome medicine, 8, 1-16.

Lange K., Buerger M., Stallmach A. and Bruns T.: Effects of Antibiotics on Gut Microbiota (2016). Digestive diseases (Basel, Switzerland) 34 (3), S. 260–268. DOI: 10.1159/000443360.

LeBlanc JG, Milani C., Giori GS et al. (2013). Bacteria as vitamin suppliers to their host. A gut microbiota perspective. Current opinion in biotechnology 24 (2), S. 160–168. DOI: 10.1016/j.copbio.2012.08.005.

Lin CS, Chang CJ, Lu CC, Martel J. et al. (2014) Impact of the gut microbiota, prebiotics, and probiotics on human health and disease. Biomedical journal 37 (5), S. 259–268. DOI: 10.4103/2319-4170.138314.

Lipski, E. (2012) Digestive wellness: strengthen the immune system and prevent disease through healthy digestion. New York, NY, USA: McGraw-Hill.

Liu, A. H., and Murphy, J.R. (2003) Hygiene hypothesis: fact or fiction?" Journal of Allergy and Clinical Immunology 111.3; 471-478.

Longo, V. D., and Panda, S. (2016). Fasting, circadian rhythms, and time-restricted feeding in healthy lifespan. Cell metabolism 23.6; 1048-1059.

Lopez, H. W. et al. "(2002). Minerals and phytic acid interactions: is it a real problem for human nutrition? International journal of food science and technology 37.7; 727-739.

Luckey TD (1972) Introduction to intestinal microecology. The American journal of clinical nutrition 25 (12), S. 1292–1294. DOI: 10.1093/ajcn/25.12.1292.

Madison, A., & Kiecolt-Glaser, J. K. (2019). Stress, depression, diet, and the gut microbiota: Human–bacteria interactions at the core of psychoneuroimmunology and nutrition. Current Opinion in Behavioral Sciences, 28, 105–110. https://doi.org/10.1016/j.cobeha.2019.01.011

Manian, C. (2024). Forever chemicals are everywhere – Here's how to reduce your exporsure to PFAs. Real Simple. https://www.realsimple.com/what-are-forever-chemicals-8727227

Margolis, K. G., Cryan, J. F. and Mayer, E. A. (2021). The microbiota-gut-brain axis: from motility to mood." Gastroenterology 160.5; 1486-1501.

Marieb, E. N., Hoehn, K. (2007). Human Anatomy & Physiology. Vereinigtes Königreich: Pearson Benjamin Cummings.

Markowiak P. and Śliżewska K. (2017). Effects of Probiotics, Prebiotics, and Synbiotics on Human Health. Nutrients 9 (9). DOI: 10.3390/nu9091021.

Martin, C. R., Osadchiy, V., Kalani, A., & Mayer, E. A. (2018). The Brain-Gut-Microbiome Axis. Cellular and molecular gastroenterology and hepatology, 6(2), 133–148.

Martin-Gallausiaux C., Marinelli L., Blottière HM et al. (2020). SCFA. Mechanisms and functional importance in the gut. The Proceedings of the Nutrition Society, S. 1–13. DOI: 10.1017/S0029665120006916.

Mayer, E. A. et al. (2014). Gut microbes and the brain: paradigm shift in neuroscience. Journal of Neuroscience 34.46; 15490-15496.

Mayo Clinic. (n.d.). Ischemic Colitis. https://www.mayoclinic.org/diseases-conditions/ischemic-colitis/symptoms-causes/syc-20374001

Nocerino R., Paparo L., Terrin G. et al. (2017). Cow's milk and rice fermented with Lactobacillus paracasei CBA L74 prevent infectious diseases in children. A randomized controlled trial. Clinical nutrition (Edinburgh, Scotland) 36 (1), S. 118–125. DOI: 10.1016/j.clnu.2015.12.004.

Nova, E., Gómez-Martinez, S. and González-Soltero, R. (2022). The influence of dietary factors on the gut microbiota." Microorganisms 10.7; 1368.

Occhipinti, M. (2021). 9 nutrient-packed beans, legumes, and pulses that will add variety to your meals. American Fitness Professionals and Associates. https://www.afpafitness.com/blog/9-nutrient-packed-beanslegumes-and-pulses-that-will-add-variety-to-your-meals

Occhipinti, A. (2019). The complete guide to holistic nutrition for clients with celiac disease. American Fitness Professionals and Associates. https://www.afpafitness.com/blog/the-complete-guide-to-holistic-nutrition-for-clients-with-celiac-disease

Occhipinti, A. (2014). Yoga for stress relief: 3 mood-brightening poses. American Fitness Professionals and Associates. https://www.afpafitness.com/blog/yoga-for-stress-relief

Petroski, W., & Minich, D. M. (2020). Is there such a thing as "anti-nutrients"? A narrative review of perceived problematic plant compounds. Nutrients, 12(10) 2929. https://doi.org/10.3390/nu12102929

Pu F., Guo Y., Li M. et al. (2017). Yogurt supplemented with probiotics can protect the healthy elderly from respiratory infections. A randomized controlled open-label trial. Clinical interventions in aging 12, S. 1223–1231. DOI: 10.2147/CIA.S141518.

Riley, C. (2021). An introduction to the 7 dimensions of wellness. American Fitness Professionals and Associates. https://www.afpafitness.com/blog/an-introduction-to-the-7-dimensions-of-wellness

Riley, C. (2019). 8 signs you're dehydrated and what you can do about it. American Fitness Professionals and Associates. https://www.afpafitness.com/blog/8-signs-youre-dehydrated-and-what-you-can-do-about-it

Riley, C. (2018). The microbiome of your gut: What you need to know. American Fitness Professionals and Associates. https://www.afpafitness.com/blog/the-microbiome-of-your-gut-what-you-need-to-know

Rogers, M. A., & Aronoff, D. M. (2016). The influence of non-steroidal anti-inflammatory drugs on the gut microbiome. Clinical Microbiology and Infection, 22(2), 178-e1.

Rook, G. AW (2010). 99th Dahlem conference on infection, inflammation and chronic inflammatory disorders: Darwinian medicine and the 'hygiene'or 'old friends' hypothesis. Clinical & Experimental Immunology 160.1; 70-79.

Sánchez-Tapia M, Tovar A, Torres N. (2019). Diet as a Regulator of Gut Microbiota and its Role in Health and Disease. ScienceDirect 50, 259-268. Doi: https://doi.org/10.1016/j.arcmed.2019.09.004

Sartor, R. B., & Wu, G. D. (2017). Roles for intestinal bacteria, viruses, and fungi in pathogenesis of inflammatory bowel diseases and therapeutic approaches. Gastroenterology, 152(2),

327. https://doi.org/10.1053/j.gastro.2016.10.012

Schroeder, B. O., Bäckhed, F. (2016). Signals from the gut microbiota to distant organs in physiology and disease. Nature medicine 22.10; 1079-1089.

Scudellari, M. (2017). Cleaning up the hygiene hypothesis. Proceedings of the National Academy of Sciences 114.7;1433-1436.

Sender R., Fuchs S., Milo R. (2016). Revised Estimates for the Number of Human and Bacteria Cells in the Body. PLoS biology 14 (8), e1002533. DOI: 10.1371/journal.pbio.1002533.

Singh, R. K., et al. (2017). Influence of diet on the gut microbiome and implications for human health. Journal of translational medicine 15, 1-17.

Slavin, J. L. (2005). Dietary fiber and body weight. Nutrition 21.3; 411-418.

Smith, R.P., et al. (2019). Gut microbiome diversity is associated with sleep physiology in humans." PloS one 14.10; e0222394.

Sonnenburg, J. L., & Bäckhed, F. (2016). Diet–microbiota interactions as moderators of human metabolism. Nature, 535(7610), 56-64.

Staudacher, H. M., & Loughman, A. (2021). Gut health: Definitions and determinants. The Lancet Gastroenterology & Hepatology, 6(4), 269. https://doi.org/10.1016/S2468-1253(21)00071-6

Stalheim-Smith, A., Fitch, G. K. (1993). Understanding Human Anatomy and Physiology. USA: West Publishing Company.

The Institute for Functional Medicine. (2022). Supporting liver function with nutrition. IFM. https://www.ifm.org/news-insights/detox-food-plan/

Tuck, C. J., Biesiekierski, J. R., Schmid-Grendelmeier, P., & Pohl, D. (2019). Food intolerances. Nutrients, 11(7), 1684. https://doi.org/10.3390/nu11071684

Vagnerová, K., Vodička, M., Hermanová, P., Ergang, P., Šrůtková, D., Klusoňová, P., Balounová, K., Hudcovic, T., & Pácha, J. (2019). Interactions between gut microbiota and acute restraint stress in peripheral structures of the hypothalamic–pituitary–adrenal axis and the intestine of male mice. Frontiers in Immunology, 10. https://doi.org/10.3389/fimmu.2019.02655

Valdes, A. M., Walter, J., Segal, E., & Spector, T. D. (2018). Role of the gut microbiota in nutrition and health. BMJ, k2179. https://doi.org/10.1136/bmj.k2179

van der Merwe M. (2021). Gut microbiome changes induced by a diet rich in fruits and vegetables. Int J Food Sci Nutr. 72(5):665–9.

Wang, X., Zhang, P. and Zhang, X. (2021). Probiotics regulate gut microbiota: an effective method to improve immunity. Molecules 26.19; 6076.

World Health Organization. (2022). Diabetes. https://www.who.int/news-room/fact-sheets/detail/diabetes

World Health Organization. (2020). Guidelines on physical activity and sedentary behaviour. https://www.who.int/publications/i/item/9789240015128

Wilkins LJ, Monga M, Miller AW. (2019). Defining Dysbiosis for a Cluster of Chronic Diseases. Sci Rep. Sep 9;9(1):12918. doi: 10.1038/s41598-019-49452-y. PMID: 31501492; PMCID: PMC6733864.

Williams, B. et al. (2017). Gut fermentation of dietary fibres: physico-chemistry of plant cell walls and implications for health. International journal of molecular sciences. 18(100):2203.

Yang Q., Liang Q., Balakrishnan B., Belobrajdic D. et al. (2020). Role of Dietary Nutrients in the

Modulation of Gut Microbiota. A Narrative Review. Nutrients 12 (2). DOI: 10.3390/nu12020381.

Yap, I. K. S., Angley, M., Veselkov, K. A., Holmes, E., Lindon, J. C., & Nicholson, J. K. (2010). Urinary metabolic phenotyping differentiated children with autism from their unaffected siblings and age-matched controls. Journal of Proteome Research. 9(6): 2996-3004. https://doi.org/10.1021/pr901188e

Zeps, S. (2025). NoPoo – Entlastung für den Körper, Teil 4: NoPoo als ganzheitlicher Ansatz – wie Ernährung und Darmgesundheit die Haut beeinflussen. https://www.autoimmun-balance.de/2025/04/09/nopoo-entlastung-fuer-den-koerper-teil-4/

Zeps, S. (2025). NoPoo – Entlastung für den Körper, Teil 3: NoPoo in der Praxis: Minimalismus für Haut und Haare. https://www.autoimmun-balance.de/2025/03/24/nopoo-entlastung-fuer-den-koerper-3/

Zeps, S. (2025). NoPoo – Entlastung für den Körper, Teil 2: Chemische Zusätze in Kosmetik und deren Einfluss auf den Körper. https://www.autoimmun-balance.de/2025/03/05/nopoo-entlastung-fuer-den-koerper-2/

Zeps, S. (2025). NoPoo – Entlastung für den Körper, Teil 1: Einführung in den NoPoo-Ansatz. https://www.autoimmun-balance.de/2025/02/24/nopoo-entlastung-fuer-den-koerper/